吴小如演讲录

吴小如 著

天津出版传媒集团
天津古籍出版社

图书在版编目（CIP）数据

吴小如演讲录 / 吴小如著. — 天津：天津古籍出版社，2014.8
ISBN 978-7-5528-0265-8

Ⅰ.①吴… Ⅱ.①吴… Ⅲ.①吴小如（1922～2014）—演讲—文集 Ⅳ.①K825.46-53

中国版本图书馆CIP数据核字(2014)第185904号

吴小如演讲录

吴小如/著

出版人/张玮

天津古籍出版社出版

（天津市西康路35号　邮编300051）

http://www.tjabc.net

三河市中晟雅豪印务有限公司

全国新华书店发行

开本 880×1230 毫米 1/32 印张 7.25 字数 133 千字
2014 年 8 月 第 1 版 2014 年 8 月 第 1 次印刷

ISBN 978-7-5528-0265-8

定价：22.00元

前　　言

在这本小书付梓之际，吴小如先生已经离开我们一个多月了。先生走得很突然，没能亲眼目睹著作出版，实为憾事。今年4月24日，笔者去北大看望他时，将他看完的校样拿回，他精神尚好。即便是临终前的一两天还保持着惊人的阅读量。先生因中风后不能书写，嘱我写个小序，代为表达以下之意：

这本书的动议是2013年整理吴先生多年在各大学的演讲录音。而保存录音者并不多，只能算是全部演讲的一部分。其中不乏一些新观点，如对《牡丹亭》的分析以及戏曲的起源，均系首次发表。

在整理过程中，中国人民大学文学院2010级研究生李若彬、国剧研究中心张一帆博士、天津文史研究馆钱钢、吴玉如入室弟子韩嘉祥先生等用力最多，在此深表谢忱。

自先生仙逝后的这段时间，社会各界人士悼念文章甚多，我们选取了几篇具有代表性的附在后面，或许能让读者从一个侧面了解这样一位可亲可敬的学者，同时表达我们的追思之情。钮骠和吴书荫二先生的文章是专为本书而作，万分感谢！因时间仓促，有的文章作者没能联系上，在此谨表示歉意。您可直接联系我们索取样书。

编者

2014年6月

目录

学诗琐忆 …………………………………………… 1

中国古典诗词的阅读与欣赏 …………………… 15

治文学者宜略通小学 …………………………… 30

古籍整理中的点、校、注、译问题 ……………… 46

京剧的前途与命运 ……………………………… 73

从元明爱情题材戏曲看《长生殿》
  在清初文学中的地位和影响 ………………… 93

附录 ……………………………………………… 120

  敬悼吾师吴小如先生 ………………白化文 123

  哭吾师小如先生 ……………………钮　骠 127

  平生无愧真君子 ……………………吴书荫 137

  吴小如：可敬的"学术警察" ………温儒敏 148

忆恩师	李汉秋	151
昔日有个三大贤	柴俊为	156
明日隔山岳,世事两茫茫	李　舒	165
出人意料的吴小如先生	刘绪源	171
学者吴小如	舒晋瑜	178
孟子的当代意义——读《吴小如讲〈孟子〉》	方　麟	191
冬日拜谒小如师	陈丹晨	198
沉香谭屑	陈子善	202

学 诗 琐 忆[①]

今天来谈谈我自己怎么读旧诗、怎么学作旧体诗,以及后来在学校里怎么讲旧体诗这样一个历程吧。

说起来事出有因,《文汇报》约我写文章,我答应他们写三篇文章:第一篇写我怎么读旧体诗;第二篇是写我怎么学写旧体诗;第三篇是说我在学校怎么讲古典诗词。结果发了一篇《读诗忆旧》,人家再不拾茬儿了。但是这个题目在我头脑里酝酿了好久,今天我把这三个题目串起来,"货卖识家"。

我这一生有三个业余爱好,最痴情的一个业余爱好就是看京剧。我还不怎么懂事的时候,大人就抱着我到戏园子里去看戏,一直看了若干年的戏。前些时候《中国日报》一个记者采访我,我算过一笔账:假定我每周看一次戏,实际上有时一周我天天看戏,一年五十二个星期,一年至少看五十场戏,十年就是五百场戏,当时他采访我的时候,大概看了三十年的戏,三十年就是一千五百场戏,这个数字不算太少,所以我够得上一个戏迷。我那时候功课怎

[①] 本文根据 2002 年吴小如先生在清华大学讲座录音整理。

么样？在学校里念书成绩怎么样？我在北京育英中学上的初中，每年不是考第一就是考第二，考了第一第二学费免收，当时是大洋二十五到三十元吧。我跟家里人说谎：我要交学费。于是我就拿到了二三十块的大洋，就贡献给了戏园子，贡献给那些演员们，这样看戏。那时候中学三点半下课，学校就在灯市口，离东安市场很近，当时吉祥戏院白天都有戏。三点半下课以后不回家，背着书包直奔吉祥戏院去看后半场戏，看戏着迷到这个程度。这是我的第一个嗜好。第二个业余爱好是写毛笔字。我不能说"书法"，现在会写毛笔字的都自称书法家，我只能说爱写毛笔字，爱好写毛笔字是受我父亲玉如公的影响。因为像我父亲的水平，够得上书法家。我对书法家是有一个主观的想法的，就是在书法史上留得下名、站得住脚的那才叫书法家，举例子吧，像王羲之，唐代的欧阳询、颜真卿，这样的算书法家。用毛笔字写个账本也算书法家，那书法家就太不值钱了。第三个业余爱好是喜欢写旧体诗词。

我怎么开始念的旧诗呢？我是哈尔滨出生的，那时候我父亲在中东铁路工作，所以我们弟兄都是在哈尔滨长大的，小学也是在东北上的。当时早晨起来我父亲上班，我上学，我们共用一个洗手间，早晨盥洗的时候，我父亲每天就教我读一首古诗，或者是一首五绝或是七绝，教那些最简单的。当时他念一遍，我跟着念一遍，然后我上学去了，路上我就默默地背，晚上回来做完功课，我用毛边纸红格本，把白天学的这首诗抄在本子上。就这样，一直到九一八事变,这是我开始读旧诗的一个开头,每天背一首短的,然后把它记录下来。1932年我们全家回到北平。等回到北平以后,我就上高小了,一直到初中,我逮着什么念什么,东看西看的,广泛浏览的那么一个阶段,有的内容背,有的不背,这个阶段比较长,甚至于一直到教大学以前。第三个阶段是到大学教古典文学以后,也是工作需要。当时北京大学中文系交给我的任务是教宋元明清这一段文学史。那么宋诗是必须得读的。我小的时候读过一些苏东坡的诗,读过一点陆游的诗,其他的东西就不太熟悉了。于是我开始补课,念宋诗、背宋诗,当然后来也念其他的东西。另外我在浏览阶段,对清朝的诗挺有兴趣,从清朝初年的吴伟业(梅村)开始,一直到清朝末年甚至民国初年,包括鲁迅先生的旧诗,也包括像北大老教授黄节(晦闻)先生的诗,我都是喜欢的。最后读清朝的诗词,归结到两家,一个是纳兰性德的词,我对纳兰性德词还是比较有兴趣,现在年纪大了,忘了很多,可有时候脑子里"哗"蹦出两句来,不知道是哪儿的,仔细一想是纳兰性德的词。我还记得他有一首《鹧鸪天》"谁能瘦马关山道,又到西风扑鬓时",我莫名其妙地记得这个。另一位就是黄景仁(仲则)。这两个人呢,都是短命鬼,都是才子。纳兰性德是一个贵族,黄景仁是一个普通老百姓,而且穷饿而死。但是我觉得他们的诗都是真正发自肺腑的,所以我比较喜欢他们。最近看电视剧,我就觉得有点问题了,究竟是纪晓岚活在前呢?还是黄景仁活在前呢?我没考证过,但是我想,黄景仁写的诗，纪晓岚未必看得上眼，也未必看得见。可是电视剧《铁齿铜牙纪晓岚》里，纪晓岚一张嘴就是"百无一用是书生"，这"百无一用是书生"是黄景仁的诗呀。纪晓岚就算跟他同时，也不能整天拿这句诗念吧。那句诗上句是"十有九人堪白眼"，然后是"百无一用是书生"，这是律诗里面的对子。这个纪晓岚念黄仲则的诗，而且朗朗上口，整天念起来没完，我就有点纳闷了，我说这是不是宋版的《康熙字典》啊？开玩笑嘛？

这样的事我在教中学的时候还碰到过一回。中学课本选了一篇《老残游记》里的文章，名字是《黄河上打冰》，文章写得非常好。《黄河上打冰》里面引了一句谢灵运的诗叫"朔风劲且哀"。有一个教国文的同事就问我，"朔风劲且哀"这首诗你能帮我找找吗？我说你查呀，他说《唐诗三百首》里没有，我说谢灵运的诗怎么跑到《唐诗三百首》里了？这还是国文教员呢。所以我就说，文化滑坡什么时候都有，不过于今为烈就是了。

到我上初中的时候，我觉得写旧诗蛮有意思的，于是我也就学着写，写了给我父亲看，我父亲说"你不是那块料"。写旧诗除了要讲究平仄以外，诗韵很要紧。我这个人是非常保守的，我现在作诗用韵还是用《佩文韵府》的韵，我觉得既然想作旧诗，最好还是用旧的韵好。要不用这个诗韵，而是愿意用什么就用什么，那写的就不叫诗了，干脆是顺口溜或者十三辙得了，何必要查韵书呢。实际上"平水韵"现在已经没有了，《佩文韵府》那个韵从康熙年间规定到现在好几百年了,沿用到现在。当然写古诗可以不一定要死按那个写,写近体诗,如律诗绝句,还是要按这个诗韵来写。清人编写的《诗韵合璧》是作旧诗的一本工具书。我那时候不懂,写一首绝句不是得三句押韵吗,我呢,三句押三个韵。我父亲看了就说:"一首诗三个韵,你比古人强多了,古人写诗也不敢这么写,你不是这块料。"就在我上南开中学的时候,我弟弟(吴同宾)比我小三岁,他那时小学还没毕业,我父亲念我弟弟的诗刺激我,到现在我还能背得出他那两首"名作"。一首是他上小学的时候,描写放学的路上,"碧水映红日,轻烟缕缕飞,春风吹漠上,独自抱书归"。小孩形象蛮好。还有一首,那时候我父亲在南开大学教书,南大也有个荷花池。夏天夜里太热,半夜睡不着觉我们跑出来玩,我弟弟就写了一首诗:"独步荷池畔,绕花到四更,疏星衬明月,万籁寂无声。"当时我很惭愧,佩服他比我聪明。后来我下决心一定要把诗作好,不仅学作诗我还学作桐城派的古文。

需要说明一下,1941年我中学毕业,年底太平洋战争爆发,那年暑假我既考上燕京大学又考上辅仁大学。敌伪统治时期,我父亲在社会上有点知名度,不敢出头露面,日本人老想拉他出来做事,他不愿做汉奸,就在租界里隐姓埋名,家里的事都得我盯着。我祖母特别疼我,当时祖母年纪大了,我要到北京来念书呢,她也舍不得。所以燕京和辅仁的高考我都考取了,我又都放弃了。我是天津工商学院附中毕业的,后来我就升入了工商学院商学院,读会计财政系。念会计，我数学特别不行，念了两年以后，念不下去了。我父亲挣不了多少钱，家里生活困难。我得工作了，不能继续念书了。于是从1943年开始，我就到中学去教语文课，在天津的志达中学，既教初中又教高中。那时候语文课里既有古典诗词又有文言文，在教课的过程中，我就想，要是上来就把字句串讲串讲，稀里糊涂地给学生一讲，也过得去。讲诗吧，随便一首诗给学生一串讲，也就完了。后来我想不行，讲不出道道来。从那个时候起，我就想到：不会写文言文，不会作旧诗，你到课堂上去大讲古文，隔靴搔痒，绝对讲不到点子上。我为什么学作旧诗，学作文言文，就是从开始教书感觉到的，必须得学会作文言文，必须学会作旧体诗，上课堂上才能讲文言文，才能讲旧体诗。要不然讲不好，甚至于不会讲，以至于讲错了。我真正学作旧体诗是1944年。我经常失眠，前几天睡不着觉，忽然间冒出我最早作的两首旧体诗，都是五言的绝句。其中一首，写的是晚上晴天又阴了，"云注新蟾没，风拖细雨来，影寒襟袖瘦，吟际一徘徊"。这是我开始时作的旧诗。

那时候抗战还没胜利，有好多南开大学的毕业生去教中学了，还有就是清华的。当时清华已经关门了，他们因为不愿意在敌伪区上学就都休学了。当时我父亲家里经常来一些学生，到我家里常去的有四位先生，现在只剩下一位，是清华毕业的老先生，陈寅恪先生的学生，天津社科院历史研究所的研究员卞伯耕先生。这几位经常找我父亲学旧诗，我跟着也沾光，就这样从1944年到

1945年。后来抗战胜利了,我就又念书了。

说句不客气的话,现在别说是中学的老师,就是大学的老师教古典文学的人也未必会作旧体诗会写文言文。王国维词填得很好,他不一定是个创作拔尖儿的大家词人,但他能够写词,所以他的《人间词话》可以不朽,如果王国维不会填词,他的《人间词话》到不了那个水平。这个道理我是怎么悟出来的呢?我刚才说过,我的一个业余爱好是看戏,经常看,越看越入迷,我也逐渐能分辨出来哪个戏好哪个戏差,哪个演员好哪个演员差。好,好在什么地方,差,差在什么地方。光看戏是不行的,所以我在二十岁前后还抽出一定的时间跟人学戏,当初学唱老生戏。

我还有个观点,我写的书都是零段的,没有一个系统的书。我的第一本算是学术著作的书就是《读书丛札》,收录的是零碎的笔记。邓广铭先生曾经劝过我,怎么不正正经经写一本书,干吗总是写这些砖头瓦块,零零碎碎的东西。我有一个理论,要写一本完整的书,假定你要写一本《中国文学史》,你的学问肯定不能贯穿整个中国文学史,有些方面你有创见、有发明,有些方面不一定是你的强项,而是你的弱项,这些内容你必须得抄别人的,你得拼凑完成你这本书。与其那样去写一本平庸的书,不如把我自己认为有心得、有体会的东西抽出来,就写这一个见解,就写这一个内容。所以我写出来的东西都是零篇零段的,没有一个完整的。可是我脑子里面有完整的"中国文学史"的概念,即使讲一篇作品,比如诗吧,我也有整个诗歌史的概念,讲散文我有整个古代散文的概念。形成这个观点跟我爱看戏也有关系。后来我学老生戏,刚开始学的时候,除了学主角以外,我也学了一些配角的戏,业余时间我跟朋友一块去玩去唱,总是别人唱主角我唱配角。前几年,北京东城有个香港办的国际票房,有个亲戚领我去观光过一次,到那一看,别人不是唱《空城计》就是唱《洪羊洞》,若干个专家在那儿唱,都是大块儿的戏,每一出戏里都有一两个配角的老生,要是我不去呢,那些个主角唱完了就完了,我去了,就跟伴奏的说,你连那配角伴奏的锣鼓打上,人家唱主角,我唱配角。我唱这配角不止一个,唱完这个再唱那个,那天一下午别人唱了四五出都是正工戏,我配了六七个配角。最后一位老先生说,你会的戏真多。我说我会的都是零碎,都是给人家打杂的。我有一个理论:与其你唱主角唱得挺吃力,让人家看你的水平跟别人差远了,不如你把唱主角用的工夫和琢磨的深度拿来唱配角,把这个配角唱出色。我宁可当够格的配角,也不愿意唱那个差一点的主角。因此,我写文章也如此,我宁可写一篇短文章、一篇小文章,写一个能够达意,能够把我的意思表达出来的东西,我也不拉开了架子写论文。

话说回来,我因为要讲诗词,所以学作诗词。会作的人和不会作的人讲同一个作品,肯定不一样,这就是第三个问题了。对于诗词我的一些讲法跟别人不一样,比如,我对李清照的词有好多讲法是和别人不一样的。有一首《如梦令》,写到:"常记溪亭日暮,沉醉不知归路",喝醉了酒不知道回去的路了。"兴尽晚回舟,误入藕花深处",因为喝醉了酒,把船划到藕花深处,钻进去出不来了。下面是"争渡、争渡",现在大家都讲成了"争着渡、争着渡",或者讲成"奋力争渡"。我认为在唐宋时候,那个"争"跟"怎么"的"怎"是一个字,不应该是"争渡、争渡",而应该是"怎渡、怎渡"。船钻到荷花丛里出不来了,怎么才能出来,怎么才能出来。船驶进来之前,鸟都在那睡觉呢,船在这儿转磨磨,一搅和,鸟都飞起来了,"惊起一滩鸥鹭"。所以那个"争"应该是"怎",而不是现在的"争"。就一条船,跟谁争呀？唐五代的李珣有首小令《渔歌子》："避世垂纶不计年,官高争得似君闲。倾白酒,对青山,笑指柴门待月还。"这里的"争得"也作"怎么能"讲。

另外有一个例子,《声声慢》——李清照最有名的一首词,下半阕,"满地黄花堆积,憔悴损,如今有谁堪摘?"有的注解说"满地黄花堆积",就是菊花全都谢了,一地的菊花瓣。我认为不对,"满地黄花堆积"是说菊花盛开。菊花长在地上,一片黄花。下面"憔悴损"是指李清照自己,地上有这么多盛开的花,但是作者觉得自己这么憔悴,精神不好,没有兴致把菊花摘下来放在屋里摆放观赏了。如果花儿是谢的,那她还摘它干吗？"如今有谁堪摘?"正说明花是开着的,没谢。但是她不想去摘了,因为她憔悴,"憔悴损"不是指花憔悴而是指人憔悴,作者憔悴了,所以不想再摘那些盛开的花了。我的这个讲法跟现在一般人讲的也不一样。

岑参有首诗《白雪歌送武判官归京》,"北风卷地百草折,胡天八月即飞雪。忽如一夜春风来,千树万树梨花开"。讲的是雪下得特别大,第二天还以为是梨花开了,其实满天满地都是雪。我写过一篇小文章谈这首诗,武判官要回长安,岑参驻守在新疆,这里有个问题是:武判官是什么时候走的?什么时候动身的?我理解这首诗的内容呢:"北风卷地百草折,胡天八月即飞雪,忽如一夜春风来,千树万树梨花开。散入珠帘湿罗幕,狐裘不暖锦衾薄。将军角弓不得控,都护铁衣冷难着。瀚海阑干百丈冰,愁云惨淡万里凝。"表示天特别冷,甚至于"风掣红旗冻不翻",然后是在帐篷里面摆酒设宴给武判官饯行。最后四句:"轮台东门送君去,去时雪满天山路。山回路转不见君,雪上空留马行处。"向东走是向长安去,我就问:武判官什么时候走的?是他已经动身了,岑参写的这首诗?还是在喝酒的时候写的这首诗?武判官要是走了,这首诗他就看不见了,肯定是他没走时写的。但是喝完酒天已经黑了,这时候武判官是不是要赶夜路呢?出去走到哪儿才是一站?走夜路迷路怎么办?所以我理解,最后四句指的是第二天早晨。头一天把诗写好了,第二天早晨武判官走,岑参去轮台东门送行,那个时候"雪满天山路",看不见人影子了,但是武判官骑着马走的足迹还看得见。这是头一天可以想见的,所以是头天晚上写好的诗。我就此写了一篇小文章,但是有人不同意,认为可以走夜路。夜行军不是长途旅行,夜里军队开拔或者和敌人作战,那是可以的。普通走夜路,没有天黑了走的，尤其是新疆那个漫天漫地都是大雪的路，没有半夜摸着黑走的，走迷路了怎么办啊。我认为，这最后四句应该是预先写第二天武判官走的情况。你非要用岑参夜行军的诗来驳我的论点不行，两个情况不一样。除了岑参，唐朝的边塞诗，写晚上、写夜里有的是。"碛里征人三十万，一时回首月中看。""受降城外月如霜"，夜里活动可以，那是集体活动，不是孤身或个人单独的行动，情况不一样，所以呢，用其他的唐诗来驳我这个，我觉得驳不倒。因为我说的是普通少数人的旅行，当然武判官走也不止他一个人，但毕竟人不会太多。头一天又是喝酒，又是跳舞，又是奏乐，喝得醉了咕咚的，然后赶路，那岂不是"盲人骑瞎马，夜半临深池"，不知走哪儿去了。

我始终有一个观点，作诗要从生活出发，我们读诗也要从生活出发，应该揆情度理。情理就是人之常情，人同此心，心同此理，这个生活常理、生活规律不能够乱来。现在有的人认为，诗词你那么讲可以，我这么讲也可以。为什么呢？因为董仲舒的《春秋繁露》上有一句话，"诗无达诂"。诂就是理解，讲诗没有一个"达诂"，那意思好像就是我这么讲可以，那么讲也可以。"达"当"通"讲，讲诗啊，没有一种讲法，什么讲法呢，这种讲法运用到所有的诗里都能通。"诗无达诂"不等于"诗无定诂"，一首诗有一首诗的讲法，这个讲法不能往那个诗上挪，叫"诗无达诂"，而不是说诗无定诂，可以用主观随意性来解释，那是不对的。所以我认为，"诗无达诂"是诗无通诂,没有一个训诂是可以一通百通了的。特定的字和词,在特定的作品里,有特定的讲法,这叫"诗无达诂",而不是说,你愿意这么讲也可以,我愿意那么讲也可以。

我谈话爱东拉西扯,就是"水分"太多,水分太多我也是跟我老师学的,我当学生的时候,有一位老师顾随先生,他的嫡传弟子是加拿大的叶嘉莹先生。我跟顾先生很熟,听过顾先生的课,他是我的长辈,但是我不敢高攀说顾先生是我的先生。当年我在北平,有空我就找顾先生聊天,去上他的课。敌伪时期,他除了在辅仁大学上课,还在中国大学上课,那时候他住在平安里南坊口20号,冬天天冷,穿着棉袍、棉马褂,外边没穿大衣,坐着包月车,到中国大学,学生全坐下了,天都快黑了,屋里也没有灯,他靠在讲台边上,懒洋洋的,说,坐在包月车上得诗一句,改古诗一句,古诗上说"一番相见一番老,能得几时为弟兄",咱们是"一回相见一回冷"啊。接着就从谭鑫培讲起,从杨小楼讲起。一堂课上来是说走路,从家里走到这儿,挺远,天冷,一回相见一回冷,然后说腰疼、腿疼、头疼,反正身体不好,然后谈戏,一节课下来,讲正文的时候不多。他是苏辛词专家了,有一次,我请教他:辛弃疾的《念奴娇·书东流村壁》中有一句"野塘花落,又匆匆过了清明时节"。在不同的版本里,有的用的是海棠的"棠",有的是池塘的"塘",请教您一下用哪个"塘(棠)"字好?他说:"关键不在'塘(棠)'字,好就好在这个'野'字。"怎么个好法呢?他没有仔细讲。他说,你听过谭鑫培的《战太平》唱儿吗？我说听过。他说，头一句"叹英雄失势入罗网"，那一句就是这个"野"字。幸亏我还是个戏迷，我能体会到顾先生这个意思，要是不懂戏的人，懵了，哪儿跟哪儿呀。《战太平》头一句戏词是："叹英雄失势入罗网，大将难免阵头亡。"大将被擒住后，万般无奈。这第一句唱是全段的灵魂和精髓，如果第一句没有唱出英雄失势的感觉，后面唱得再好，也显示不出大将内心的悲愤和郁闷。辛弃疾这首词的"野塘（棠）花落"，关键在"野"字，不在"塘（棠）"，"野"字用得既险又精，外野内文，寄兴无端，寓意无穷。顾先生上课总是由天气、身体，然后谈到戏，东拉西扯，没法记笔记，最后那天他讲了半首辛词。后来叶嘉莹先生回国，我就跟她说，你听他讲过这首词吗？叶先生说，没听过。我说，我听过。她说，那你告诉我。我说，就六个字，你把这六个字掌握了，辛弃疾词你就差不多了。辛弃疾的词是"以健笔写柔情"！用有力的笔触写柔的感情，你仔细想想大部分的辛词就是以健笔写柔情，很辩证，很概括。他讲课你得掌握要点，这是真正顾老的精髓啊，那一堂都是闲天，你要掌握的就这六个字。过去清华有个老师刘文典先生，他讲李商隐的诗"夕阳无限好，只是近黄昏。"他不讲，就是念"夕阳无限好，只是近黄昏"，念了很多遍，最后讲了一句话："人生的劳倦！"讲得太好了，现在这种讲法吃不开了，我受这影响，因此还带"水分"。

好了，今天耽误大家时间，谈的也不集中，不过中心思想还是可以概括的：一个是实践出真知，想要学会什么东西，你得下工夫。

"知"跟"能"的辩证关系,你得"能",这个"知"才是真"知",你要是不"能",光靠嘴皮子说,不行。再有一条,基本功不可废。

整理:钱钢、韩嘉祥

中国古典诗词的阅读与欣赏①

怎样阅读欣赏古典诗词？我曾经写过一个答读者问式的小文章，介绍我自己读古典文学的过程、经验。如果你对古典文学、诗词有兴趣，想读，可以先从最普通的、流行最广泛的诗歌选本入手。比如说《唐诗三百首》，当然别的选本也可以，《唐诗三百首》是清朝学者孙洙，别号叫蘅塘退士编的，实际上收录了不止三百首诗，这本书在辛亥革命后长期流传，是很普及的一个选本。里面有五言的、七言的、古体诗、近体诗包括律诗和绝句。《唐诗三百首》的版本很多。喻守真的《唐诗三百首详析》就很便于初学，注释简明浅显，对诗人的生平事迹也有简要介绍。每首诗下还有"作意"、"作法"，相当于解题和艺术分析。此书还有一特色，就是每一类的作品前都以一首典型的作品为例，讲解它的格律，而且在每首诗字旁用符号标明平仄及用韵。这对初学格律诗及古汉语的人是十分方便和有用的。再如：陈婉俊的补注本、章燮的注释本，都很简明精赅。我建议：你拿到一个选本，要从头到尾读一遍。现在年轻人有

---

① 本文根据 2002 年吴小如先生在集美大学讲座的录音整理。

的时候沉不下去,摆着一大堆书,各种各样的书都有,这本看一部分,甚至于只看几页,放下了,再看另外一本,哪一本也没看完。我觉得这样读书或者浏览不是个好办法,读书不能走马看花,你连一个选本都没有耐性从第一首读到最末一首,怎么行!所以我希望,如果你拿到一个选本,而这个选本又是比较有权威性的选本,那你最好从头到尾读一遍,从第一首读到最后一首。

  在读的过程中,就会发现你自己的个性,你自己的兴趣,甚至于你自己的理想,你自己的审美的角度,总会对某一个或几个作家感兴趣,而对于某一个或其他的作家兴趣不那么浓厚。而这里就有一个选择了,有的人喜欢李白,有的人喜欢白居易,有的人喜欢杜甫,有的人喜欢李商隐,这是很自然的事情,因为每个人生活阅历,专业基础以及读书经历都不一样,性格当然更不一样,天下没有完全相同的两个人,总会有选择。你的兴趣偏向于李白,另外一位可能兴趣偏向李商隐,那样的话我就告诉你第二步怎么办。你不是喜欢李白,或者喜欢李商隐,或者喜欢杜甫了吗?一个作家的专集选本也很多,你就从一个很广泛很普遍很流行的《唐诗三百首》这一类的选本过渡到一个你所喜爱的、你比较感兴趣的作者的选本,你再去看这个选本。比如你现在拿到一本李商隐诗选,越看越有滋味,越看越喜欢,那这样好,我就劝你从单一的作者选本,再进一步去读李商隐相关的文集、资料。安徽师大刘学锴教授不但编写了李商隐诗歌注解、集解,还编写了李商隐文集的注解,还写了李商隐研究的专题论文集,最近又出版了李商隐的传论,李商隐的研究资料刘教授花了几十年的工夫,成果都摆在那儿了。有他这一大套东西,给我们后来人研究提供了便利条件,你可以利用它再进行阅读研究。当然你在阅读研究的过程也可以欣赏了。你喜欢哪一类作品,你对那些作品有了比较深刻的理解。这样还不够,你就会想,为什么在晚唐的时候会出现李商隐这样一个诗人?而他的诗歌又这样有艺术魅力,令你百读不厌。你就会想,李商隐是晚唐的诗人,他受到哪些前辈诗人的影响?在他之后又有哪些诗人受到他的影响?比如说北宋的西昆体,就是直接继承了他的诗歌传统的一些作品。

我常说做学问应该点、线、面相结合,这样一来,你读一个人的选集,比如开始读《唐诗三百首》,那算是个面,你从这里选出一个作者,算是一个点,然后你再把这个点深入了,考虑一下他是受了哪些人的影响,他又影响了后世哪些人,把这个线梳理出来,那就是说由一个点就扩展到一条线。还有,晚唐这个时代诗人不止李商隐一个,比如说温庭筠,不但写词,也写诗,他的诗也不错。比如说杜牧,在晚唐名气可比李商隐大多了,杜牧政治地位也比较高,李商隐也很推崇杜牧。那就是说,除了点和线之外,你还可以从李商隐拓展开去,看看跟李商隐同时代的人都有哪些作家,有些不如他的,有些和他齐名的,甚至于你会发现有的人诗写的并不坏,但是影响没有李商隐那么大,你也可以有新发现。同时你也可以考虑为什么在晚唐出现李商隐,那就是说晚唐整个的一个历史大背景是什么,李商隐一生是非常坎坷的,那么你再把李商隐的生平经历做一番调查研究,这样一来就有了比较全面的研究了。当然安徽师大的刘学锴教授对李商隐已经做了比较深入的研究了。你照这个路子去探索去研究,那等你把这个线也串起来了,把这个面也铺开了,点也深入了,你不就是成为专家了吗?你就会成为对某一个作家作品的有发言权的专家学者了,在这方面如果你用功坚持不懈,那你就会出很丰硕的成果。

至于说到具体的读古典文学作品,文章也好,诗词也好,我觉得应该注意的有几点:

第一点应该"通训诂"。每个词儿、每个字儿、每个句子应该怎么讲?现在有些人,在课堂上教课也好,写文章也好,洋洋洒洒,下笔千言万语,说的内容用现在的词儿来说都是宏观的空论,具体的作品还没搞明白,就大谈什么比较文学、美学观点啦,好多新潮的词。可是对作品本身怎么讲,这一句究竟应该怎么讲?吃不准。现在有些古典文学作品的注解都有一个毛病,读者看得懂的都注得非常详细,读者想要解决的问题那儿注上没有。我就碰到过这个情况,而且我的学生里面就有这个情况。注释的责任是让读者懂,所以通训诂很重要,诗应该怎么讲,是个很重要的事。

第二点就是明典故。中国古典文学不仅诗词,包括散文、甚至于小说、戏曲,都有一个传统,用典故。当然,骈体文用典故特别多,因为骈体文本身就重视用典故的技巧。一般作品也有用典故的习惯,所以要明典故,要把典故找准了。查明典故可能很繁琐,看起来很费事。可是在中国传统文学里有这个特点,通过用一个典故而不是直着把意思表达出来。通过典故来读这个作品,给读者留出了很广阔的联想、思考、感受的空白和余地,也可能你想到的比作者原来的意思深一些,尽管是你个人的想法,可是正因为用的是典故,没有把这个事情说尽了、说到头,才可以引起读者很多联想,甚至于产生比作者更深的体会。所以用典故可以说有弊病,但是利多弊少。不管有利有弊,古人已经用了,就必须要搞清楚。

还有一条,这一条刚才实际上我已经说了,就是察背景。比如研究李白,可以研究李白的历史背景,李白生平;研究李商隐,就要研究他生活的晚唐时代,他们生活的背景,时代的大背景要了解,要清楚。所以第三点就是察背景。

第四点是考身世,就是考作者的身世。

通训诂,明典故,察背景,考身世。在这四句话后还应该有一句话,来把这四句话概括进来,就是"揆情度理"。"揆情度理"是什么意思呢,就是说人同此心,心同此理。

《孟子·万章上》中说"故说诗者,不以文害辞,不以辞害志,以意逆志,是为得之"。"以意逆志"就是以自己的"意"去追溯作者"志",要琢磨琢磨当初作者为什么要这样写,我们现在读古人的作品也要"以意逆志"。那么"以意逆志"之后呢,你要明白,你的这个讲法、这个想法是不是合乎情理？现在有很多讲法是很荒唐的、很奇怪的。他可能也考了作者的身世，可能把典故也查清楚了，可是他的讲法出乎情理之外，思路不同于一般人的想法，千奇百怪，荒诞离奇，既不揆情也不度理，不在情理之中。举个简单的例子，现在研究《红楼梦》的人很多，研究来研究去，有人就提出来：曹雪芹和雍正是情敌。雍正怎么死的呢？是曹雪芹通过小说里的林黛玉用毒药毒死的。这个设想是人家的自由，学术自由，言论自由，写作自由。但是读了以后让人觉得不合情理！"揆情"于情不合，"度理"于理不合，那这个说法不大容易站得住。所以说，通训诂，明典故，察背景，考身世，还要统摄于"揆情度理"这个前提。

这四句话分三层，通训诂、明典故是个初步的，然后深入的是察背景、考身世，最后不合情理，这些都站不住。光大胆假设不行，还要真正讲出来，让读者心服口服，感觉讲得有点道理，那就是说在情理之中，情理上可以沟通。

举例来说"察背景"吧。大家都知道李白的《蜀道难》。很多人都说《蜀道难》反映的是"安史之乱"，但是后来这说法被否定了，因为一个早于"安史之乱"的唐代选本，殷璠的《河岳英灵集》就已经收录了《蜀道难》，这本书的成书距离"安史之乱"还有一段时间，可见李白的这首诗不是反映"安史之乱"的。不过我有点怀疑，我的想法是：现在存世的《河岳英灵集》是不是就是当年殷璠的原本？要找出最早的，比如从敦煌写本里找出《河岳英灵集》来，或找出一个更有根据的版本来说明，更能站得住脚。所以我现在并不很坚决地反对说《蜀道难》反映"安史之乱"，这个还得有另外的铁证，来证明今天传世的《河岳英灵集》就是当初的原本。这样，《蜀道难》的背景才能成立。

"考身世"当然就比较具体了。比如，宋代李清照的作品是不编年的，而且流传下来的远远不是她全部的作品，愣要把她的作品编年是个很困难的事情，多多少少都有一点儿主观猜测的成分。比如《声声慢》，"寻寻觅觅，冷冷清清，凄凄惨惨戚戚"。大部分研究者都认为这是南渡以后的作品，是她处境很坎坷很艰难的时候写的，是很感伤很愁苦的心情的反映。可是有人就认为这是南渡以前的作品，理由是说"守着窗儿独自，怎生得黑"这句，认为"既然守着窗儿，必是在等人"。怎么守着窗儿就是等人呢？我今天下午睡醒午觉，就在住的宾馆的窗户那儿，我也看了半天，我没等人呀！这样的一种讲法，我觉得就不够系统，至少是说服力不够，所以"考身世"也是个很重要的环节。

最后就是"揆情度理"的问题。"揆情度理"是很重要的一条，往往在"揆情度理"里面可以找到辩证思想，找到辩证法。我举一个例子，在唐宋诗词里，常常出现这样的句子，比如说，范仲淹的词有一句"明月楼高休独倚"，就是说，赶上月亮好的天气最好不要一个人在高楼上倚着栏杆看，那样会引起你伤心的。他说"休独倚"，但是我读出来了：想必范仲淹曾经在明月的天气，在高楼上独倚过,伤心了、难受了,所以他劝人"休独倚"。说"休独倚",实际上他曾经"独倚"过,这不是辩证的吗?李后主的词更明显,"小楼昨夜又东风,故国不堪回首月明中"。什么叫"又东风"?他当俘虏不止一年,春天又来了,"小楼昨夜又东风",意思说自己思想有点麻木,这次觉醒了,觉醒了做皇帝的梦是不成了,已经当了俘虏了,再想去享受荣华富贵没门了,所以"小楼昨夜又东风,故国不堪回首月明中"。还有一首《浪淘沙》,上半阕是:"帘外雨潺潺,春意阑珊,罗衾不耐五更寒,梦里不知身是客,一晌贪欢。"那就要问了,你梦醒了怎么样呢?"身是客"的"客"实际上就是俘虏的一个好听词儿。"梦里不知身是客",就是说做梦又回想起了做皇帝享受的时候,梦醒了呢?换句话说,李后主到了后期,他不安心做俘虏,所以"梦里不知身是客,一晌贪欢",那梦醒了呢,梦醒了就知道身是"客"了,可见"一晌贪欢"是不可能了,所以下面就说了"流水落花春去也,天上人间",今天的生活和从前不能比了。古人不是说"哀莫大于心死",所以他写这样的词,说明没有心死。像刘阿斗似的,对于刘阿斗,司马昭特别放心,他问刘阿斗:你在这怎么样啊?刘说"此间乐不思蜀"。后来郤正教给他,你不应该这么说,应该说:想起刘氏祖先怎么怎么的。司马昭一听说:听你这话,怎么不像你说的,像郤正的话呀。刘阿斗说:对对对!就是他教给我的。这么看来,我要说刘阿斗运气还不错,正因为他"乐不思蜀",才得以善终的,而且活的岁数还不小。司马昭一听他说的话,心想:这人造不了反,连造反的想法都没有。李后主就不行了,宋太宗读了他的《虞美人》、《浪淘沙》以后,就给他下毒药毒死了。所以我说,一方面要考身世,一方面还要揆情度理,在揆情度理之中,往往头脑里还得有点辩证的思想。他说"不知身是客",正说明他觉醒到自己是个俘虏;说"昨夜又东风",说明感觉到现在处境和过去不一样了。在揆情度理之中,往往启发我们做读者的要懂得用辩证的思维来考虑古人作品的内容。常常是这样的情况,比如《木兰诗》,两句重复的"不闻爷娘唤女声,但闻黄河流水鸣溅溅;不闻爷娘唤女声,但闻燕山胡骑鸣啾啾"。两次说"不闻爷娘唤女声",表面上是说听不见,实际上是心里的那个影子,父母唤女的印象始终保留在木兰参军的过程中。为什么作者重复两次呢?说明木兰想家,对于"爷娘唤女"的这样的思盼是念念不忘的。从这个角度再来读作品,读者应该"以意逆志",要想到作者这样写隐含的深意。

关于通训诂的例子太多了,我举一个我们经常碰到还不好讲的例子,就是曹操的《短歌行》中的"对酒当歌,人生几何,譬如朝露,去日苦多,慨当以慷,忧思难忘,何以解忧,唯有杜康"。"杜康"是名典故,一查就知道,杜康名酒,何以解忧唯有喝酒,这个好讲。什么叫"慨当以慷"?我觉得这个应该讲,因为"慷慨"是连在一起的,是个联绵词,本指意气风发,情绪激昂。司马相如《长门赋》"贯历览其中操兮,意慷慨而自卬"。"慷慨"作为大方不吝啬讲,是后来的意思。但是曹操把这两个字拆开了,还颠倒一下。"慨当以慷"这个"当"呢？我想这个"当"就是"对酒当歌"那个"当"，就是"对"的意思，就是对着酒、对着歌，不是"应当"的意思。那么"慨当以慷"也是"对"的意思，就是慨"对"以慷，换句话说就是"慨"而又"慷"，可是别管怎么讲，这个"慨"和"慷"分开了，想必是有个独立的内涵，对吧？我就琢磨"慨当以慷"到底怎么讲？我写过一篇小文章，开始"慨当以慷"我是从文字的角度来考虑的，因为现在写"慷慨"的"慷"，都写竖心旁一个健康的"康"。查《说文解字》的"心"部，这个"慷"下面还注有一个"忼"字，"亢"象形字，象形人的脖子喉咙这个地方，我们说"引吭高歌"，就是伸着脖子唱。"慷"正写应该是从这个"忼"。《史记·荆轲传》："风萧萧兮易水寒，壮士一去兮不复还。复为羽声忼慨，士皆瞋目，发尽上指冠。"《汉书》中多作"忼慨"，如《汉书·高帝纪》："忼慨伤怀，泣数行下。""慷"是后起的字，我就从这儿来考虑，什么叫"亢龙有悔"？这是《易经》上的话，这里的"亢"，是指在天上飞的、至高的。查检一下，凡是从"亢"的字，都有高、上扬的意思。比如，《诗经·大雅·緜》里有"皋门有伉"，就是说门是高的。再比如，清代有一部《诗比兴笺》，作者是陈沆，"沆"是大水也、大河也，大水大河的水位当然就高了。还有抵抗的"抗"，"抗"本身当高讲。特别是古代杭州的"杭"字，"杭"是船行水上，现在写作"航"，也是在高处的意思。另外《庄子》里有"满坑满谷"这个词儿，这里的"坑"字究竟怎么讲还有待研究，这里"坑"和"谷"对文，意思应该是和"谷"相反。

有的原始典故被后人多次转用,用到了后来,那个典故的意思就成了后来用的意思了,而最原始的意思反而不明显了。举一个例子,如逃之夭夭,原本是桃之夭夭,出自《诗经·周南·桃夭》,因"桃"谐"逃"的音,用为逃跑的意思。还有一种典故的用法是歇后语,半句话,有这个情况,这两个我想再举一个例子吧。

先说典故多次转用的问题,举一个欧阳修的例子。这里简单说几句旁的,大家都认为欧阳修是宋代诗文革新运动的领袖,推崇李白、杜甫、白居易反映现实的诗歌,反对晚唐以来淫放颓靡诗风,所谓以复古为创新。他反对的是那种过度追求辞藻浮华和韵律铿锵,以及泛泛的大量引用典故的西昆体。我在上课的时候也随声附和的讲过,好像西昆体变成了宋诗的一个对立面。其实不完全对,欧阳修年轻时写的诗有大量的属于西昆体范畴的作品,他不完全反西昆体,而且欧阳修对于西昆体的祖师爷杨亿(杨大年)是很崇拜的,欧阳修只是从西昆体入而没有从西昆体出,他可以说扬弃了西昆体的短处而吸收了西昆体的长处,而且西昆体的影响绝对不止于死模仿李商隐那种用典故,这说远了。

咱们就说欧阳修有首诗《梦中作》,就是梦里作的一首诗。这首诗开头的两句咱们先撇开不管,免得啰嗦,就说后两句,最后两句我认为他是醒了作的。"棋罢不知人换世,酒阑无奈客思家"。咱们就说"棋罢不知人换世"这句,所有的注解都这么注的:南北朝时有个笔记《述异记》,里头记载有一个人叫王质,这个人拿着斧子上山砍柴,看见两个人在那下棋,就坐在那看下棋,等看完下棋,发现好几辈子都过去了,斧子把儿都烂了。一般的注解都引《述异记》的故事。只是简单引这个故事我认为不足以解读欧阳修这首诗,因为我理解《梦中作》是一首政治诗,但他用的是西昆体,朦胧诗,诗的头两句是梦话,后两句是醒了的话,但话说得很含糊其辞,让人不容易抓住诗的本意,只是简单讲这个故事离着他的本意还远一点。后来我一想,他用的不完全是《述异记》的故事,他借用的是杜甫《秋兴》:"闻道长安似弈棋,百年世事不胜悲。王侯第宅皆新主,文武衣冠异昔时。"这首诗里杜甫引用了《述异记》的故事,并把它发挥了:听说长安的局面就像下棋一样,"百年世事不胜悲"。杜甫当时离开长安很久了,他在四川慨叹:"王侯第宅皆新主",一朝天子一朝臣,这些旧的官僚都换了,"文武衣冠异昔时",那些做官的穿戴都和以前的不一样了。"棋罢不知人换世",看着是用《述异记》的故事,实际上是借用杜甫诗里的感叹,这是我的体会。如果你不用杜甫的这四句诗来注欧阳修的《梦中作》第三句,算你没搔着"痒处"。所以我觉得"明典故"看似容易,实际上也要触类旁通,还需要诗读得多一点。有人问我:吴先生,你教书一辈子也写文章,有什么诀窍秘诀没有?我说就六个字:头两个字要"多读",书要多读。第二个两个字是"熟读"。光多读不行,还要熟读,熟读还不够,还得"细读"。实际上"细读"的意思还包括思考在里面,我想用杜诗来注欧阳修的诗是我"熟读"而"细读"的结果。这是关于明典故。

举这么一个例子,就说明这个典故有好几层过程,用的不一定是最原始的意思,而是用的过程中间的一个意思。还有就是说呢,看起来不是个典故,因为前人这么说了,说多了,就变成了典故。举一个最简单的例子:陆游晚年有一首七绝《夜归偶怀故人独孤景略》,怀念他死去的老朋友独孤景略,"买醉村场夜半归,西山落月照柴扉,刘琨死后无奇士,独听荒鸡泪满衣"。"独听荒鸡泪满衣"当然就是闻鸡起舞的典故了,大家都知道刘琨、祖逖两个人闻鸡起舞的典故,那么现在刘琨已经死了,意味着独孤景略是我自己的好朋友,他已经故去了,所以我"独听荒鸡",有拿刘琨比独孤景略的意思,这都好理解。但是前两句从来没有人注过,我发现"西山落月照柴扉"这句也隐含着有一个出处,不能说典故吧。什么出处呢?李白被流放以后,杜甫思念李白曾经作过两首五言古诗《梦李白》,其中有两句:"落月满屋梁,犹疑照颜色。"夜里梦见李白,一下醒了,醒了一看已经下半夜了,天快亮了,月亮照的屋子里头比刚睡觉的时候亮多了,"犹疑照颜色",眼前晃着好像还是李白的那个样子。陆游诗里的"落月"我认为不是随便泛泛用的,他说"落月照柴扉",而这"落月"正是借用杜诗里"落月满屋梁"的"落月",这是我说的有的典故看起来不像个典故,是从前人用过了,而且有一定的含义后借用过来,实际上也变成了典故,这种典故往往不被人注意。我举的这些例子,足以说明要想欣赏一首诗恐怕还要费点工夫。训诂得搞清楚，典故要搞清楚，大的背景和作者的个人生平都得心里有谱，然后再读作品，这作品就不至于落空了，你写文章也不至于说空话了。

最后咱们说"揆情度理"。举李清照的词做个例子，李清照有两首《如梦令》，一首"昨夜雨疏风骤，浓睡不消残酒，试问卷帘人，却道海棠依旧，知否，知否，应是绿肥红瘦"。这首词家喻户晓，脍炙人口。这首词里的"卷帘人"，我认为是她丈夫而不是丫鬟。请大家仔细品味，这首诗写的是闺房里面夫妇之间的对话："昨夜雨疏风骤"，又刮风又下雨；他们在屋里喝酒，睡得很晚，"浓睡不消残酒"；第二天，天已经大亮了，可是呢？酒意不消。这个时候呢，夫人还躺在床上，就问"卷帘人"，我认为这卷帘人是男性，是她的亲人，是她的丈夫。问什么呢？夜来风雨声，花落知多少嘛？她就"试问卷帘人"。如果是她丈夫的话，回答应该带有安慰妻子的意思："却道海棠依旧"。说：你放心，虽然刮风下雨了，海棠花还有还在，开的还挺不错的。但是作者回答：知否，知否，应是绿肥红瘦。这里面内涵很丰富：就是说，一个女性，尽管现在还是在青春年华或者说年纪风华尚茂，可是要知道，光阴过去时不再来；"应是绿肥红瘦"，别管怎么样，这一宿风雨过去，花会少一些而叶子会多一些。要是夫妇俩对话，男的有体谅妇女、安慰妇女的感情，而妇女又有点感慨、有点伤春这种感情。所以我认为卷帘人应该是作者的亲人，跟作者的关系非常密切，这么解释也对上茬了，而且这里也有感情的内涵。如果是一个大小姐,或者少奶奶在躺床上问那个丫鬟,丫鬟说海棠依旧,我认为是索然无味。这个讲法李清照研究专家不同意,甚至有人说李清照这首词是她没出嫁时写的,怎么能说她有丈夫。这里就要涉及"察背景,考身世,而且要揆情度理"。李清照的父亲李格非是个理学家,是个正儿八经的严肃的学者,是个不逾矩的人,这样一个家庭背景,一个严父。尽管李清照为人已经有反抗礼教的思想,结婚后可以浓睡不消残酒。但是,如果作品时间往前推,推到她还是个十五六岁的小姑娘的时候,就喝得大醉,以至于"浓睡不消残酒"。很难想象在北宋末年,在那样一个家庭中,一个小女孩儿能够喝酒喝成这个样子。所以,从这个角度来看,这是一个少妇可以做的事,而不是一个少女敢做的事儿。因此,我觉得这首词排到李清照未嫁以前的作品不太合适。这个讲法尚未得到学术界认同,姑且在这随便说一下。

整理:钱钢、韩嘉祥

治文学者宜略通小学

今天讲的这个题目好像和搞文学专业的人不沾边,其实大不然。治文学应该略通小学,这是我一贯的主张。"小学"指的是文字、音韵、训诂。我在学校教书的时候就强调这个问题,中文系一般分为文学专业和汉语专业,我在文学专业,教了一辈子中国文学史,但是我总强调:文学专业的学生应该对汉语专业不说是精通吧,至少应该略通。20世纪80年代我转到历史系以后,常和历史系的同学说,司马迁不但是位史学家,更是位大文学家;写《汉书》的班固也是位文学家,文笔是很棒的,很多的史学家的文笔都不错。特别是宋代,欧阳修是修《新唐书》和《新五代史》的,但是谁都知道欧阳修是位大文豪;写《资治通鉴》的司马光也是位文学家,别看他的《资治通鉴》有的内容是抄的古书,是第二手材料,但是他很擅于剪裁,很擅于安排史料,完全可以作第一手材料使用。到了清朝,很多研究史学的,文笔也都很不错。比如龚自珍,你说他到底是个文学家、思想家,还是史学家呢?我看都是。他写的文章怪是怪一点,还是很有特色的。所以我跟学生们强调:你们得学会动笔,能写出有文采的文章来,不能只会写那种四平八稳的所谓学术论文,而笔底下缺乏文采。古人说"言之无文,行而不远"就是这个道理。我强调同学们应该会写作。

今天用这个题目有我的用意,我讲的是宜略通小学,什么意思呢？过去把文字学、训诂学,包括音韵学是称作"小学"的。"小学"者打基础也。好多人跟我讲:"小学"这个词不通,应该文字学就是文字学,训诂学就是训诂学,什么叫"小学"呀？"小学"这个词最早见于"三礼",《周礼》和《礼记》里都有这样一个意思。《大戴礼记·保傅篇》:"及太子少长,知妃色,则入于小学,小者所学之宫也。……古者年八岁而出就外舍,学小艺焉,履小节焉。"《周礼·地官·保氏》中说:"保氏掌谏王恶,而养国子以道,乃教之六艺。"所谓身通"六艺",有两种解释:一种解释就是"六经"(指《诗》、《书》、《礼》、《易》、《乐》、《春秋》);另一种就是"礼、乐、射、御、书、数"。"射"是射箭；"御"是驾车,带有体育锻炼的意思；"礼、乐"是个总的了；"书"是指写字和认字,不仅是写字,还要认字；"数"用现在的话说,就是你起码还要有点自然科学知识。

《汉书·东方朔传》里有一篇小文章《上武帝书》,其中有两句话:"学书三冬,文史足用。""学书三冬"的"书"就是"六艺"的"书",不仅指念书,还包括写字,也包括认字。为什么叫"学书三冬"呢？东方朔是农民出身,过去春夏秋三季在户外劳作,冬闲三个月,闲着没事儿。到第四季度,冬天了,不出外劳动,孩子就在家里学知识。"三冬"就是三个年头。"文史足用"的"文史"可不是我们现在讲的中文了、文化了、历史了,这个"文史"还可当"文字"讲。"文史足用"就是念的书、认的字就够用了。因此,读书认字不能只认得字,还要知道这字怎么讲,这是一个基本功,至少在汉代,它属于小学。开蒙的时候,就要能认字,会写字,而且要懂得这个字应该怎么讲,应该怎么用,这是最基础的事。

文字、音韵、训诂这一类的在古代被认为是小学,我有意识地安了这么一个题目,为什么这样?我觉得有的同志在小学方面应有的知识或者常识还比较欠缺,所以我今天讲课,不直接讲文学而是要讲小学。这里面是有联系的,小学的功底不够扎实的话,文学也念不好。读古典的诗歌,或者其他的古代文学作品,不通训诂,就不会讲,就不知道诗的本意是什么。连讲还讲不对呢,还谈什么欣赏?谈什么研究?这就好像建筑在沙滩上的楼房,海水一涨潮,那个楼也就站不住了。所以这是我一贯的主张,治文学者应该略通小学。

谈治文学和略通小学的关系,我可以给大家讲一个例子,我的一个学生现在是扬州大学的教授,在2002年第五期(10月号)中华书局出的《书品》上,他发表了一篇《读古诗札记二则》,讲的是《古诗十九首》,拜读以后我发现他的讲法欠准确,待商榷。应该先跟他打个招呼然后再说这事,不过回到上海以后,我准备写一篇文章,跟他正式商榷。作者是1966年"文化大革命"前期毕业的,在我班上还是一个好学生,而且现在跟我还有来往,对我很尊敬,但我是这么认为,师生也好,朋友也好,彼此尊重是应该的,但是不能因为人际关系就影响了学术观点,或者因为学术上有分歧,结果跟人都翻脸了。我跟周汝昌先生是相交半个世纪以上的老朋友,但是我们在《红楼梦》的某些问题上,彼此观点不完全一致,可这并不妨碍我们是老朋友。周先生比我大几岁,我在燕京大学教书时他研究生还没毕业,我们俩人围着未名湖能转多少圈儿,聊天忘了吃饭,可以说共同语言甚多。可是有一条,我们俩人不谈《红楼梦》,因为一谈《红楼梦》怕有伤和气,但是我们俩共同语言很多,就是《红楼梦》,我们相同的观点也很多。我就有这么一条原则:不因为学术上有不同看法影响了朋友的交情。

他讲的是《古诗十九首》其中的第三首,"青青陵上柏,磊磊涧中石。人生天地间,忽如远行客。斗酒相娱乐,聊厚不为薄。驱车策驽马,游戏宛与洛。洛中何郁郁,冠带自相索……"其中有一句"洛中何郁郁,冠带自相索。"索者求也,无论是李善注也好,还是汉朝人贾逵的《国语》注也好,都当"求"讲。他认为:"索"当"求"讲不对,他对诗中"冠带自相索"一句别有新解。认为应从朱熹注《诗·豳风·七月》"昼尔于茅,宵而索綯"训"索,绞也"的讲法才正确。他认为"冠带自相索"是指上层社会做官的人自相索也,自相绞也。他说:"索,绞也",有"绞制"之意,是指权贵们自相倾轧,自相绞斗。《诗·七月》有"昼尔于茅,宵而索綯"。就是白天把茅草收集起来,到了晚上搓绳子。綯是绳子,索当绞讲,就是把几股绳子拧成一根粗绳子。另外《离骚》"矫菌桂以纫蕙兮,索胡绳之纚纚。"也是这个意思。"胡绳"本是香草名,就是把香草搓成很长的绳子,"纚纚"是形容绳子很长。那个"索"字,王逸等人注《楚辞》都是注成"绞也"。他理解这个"索"字,用现代汉语来讲就是"搓麻绳"。我查了《说文解字》,"宵而索綯"和"索胡绳之纚纚"的"索"都指的是搓绳子,是个动词。可是当"求"讲的"索"和"宵而索綯"、"索胡绳之纚纚"的"索"不是一个字,这位教授不知道这两个"索"不是一个字,它的训诂不同,它们是两个字,关键在这儿!你说略通小学和治文学有关系没关系?如果你揪住了《诗经·七月》,揪住了《楚辞·离骚》,根据它们的注来讲《古诗十九首》,好像是很讲训诂,却是失之毫厘谬以千里。这是两个字,一个字是篆书写作(索),另一个字是索。《说文解字》中说得很清楚,索在朩部,云:"草有茎叶可作绳索";宀部作索字,曰:"入家搜也。"也就是说,训"绞"的是这个"索"字,训"求"的是这个"索"字。另外,"宵而索綯"的綯当"绳子"讲,左边是糸,右边是匋。"匋"这个字很有意思,外边是勹;里头是缶,瓦器。是烧窑的象形,所以"匋"字当烧窑讲,这个"匋"字读 táo,就是现在的"陶"字;但古音可以读 yáo,就是现在的"窑"字,这个读音现在只留在人名里了,所以皋陶应该读 gāo yáo,不能读 gāo táo。"昼尔于茅,宵而索綯"是白天收割茅草,晚上用来搓绳子,用綯绳来修补房子的意思。那么这个所谓的綯也有各种各样的品种,我在这里多说两句,我们知道有"纠繮"、

"徽纆","纠"是三股细绳拧成一股,《说文》讲"纠"字是"三合绳也","纆"是"两合绳也","徽"也是"三合绳也",纠纆、徽纆连用就是有三合的绳,有两合的绳。所谓"宵而索绹"的"索"当"绞"讲,"绞"是把几股或者三股或者两股拧成一股,"绞"是不能当斗争讲的,不能按照我们现在的理解说绞带有矛盾、带有纠纷的意思,不是那个意思。他讲"冠带自相索"是"冠带自相绞",就是内部矛盾,就是互相倾轧,这扯的太远了。他没有搞清楚,一个字是当"求"讲的,在宀部;另一个字在糸部,是当"绞"讲的,这俩字根本不在一个部首里头。另一个索是进入室中找东西,它的意思和"叜"字一样,是"搜"的本字,和"叟"是一个字,当"老人"讲的"叜"最早就是搜的本字,手里拿着火把到屋子里去找东西,这不就是搜吗。"索"是搜的意思,《说文》里讲得很清楚,由搜的意思可以引申为求的意思;由这个索字可以引申为绞的意思,这两个字不能互倒,不能用这个索的训诂讲这个索,所以我说他这个讲得不对。现在书法家在写上款的时候都会写某某先生或者某某兄索书。写这个索的时候必然加一个宀,先前我也不认识这个字,就觉得奇怪,为什么加一个宀?这里的"索"就是当"求"讲的"索"。举这个例子说明"宜略通训诂",而且还得通的稍微到位一点。

《礼记·檀弓》:"吾离群而索居亦已久矣。"成语离群索居即于此,陆游的《钗头凤》里有一句是:"东风恶,欢情薄,一怀愁绪,几年离索。"这个"离索"是从离群而索居来的,现在讲"离索"就是一带而过，几年离索就是几年离别了，不确切！"离"是离群也，是跟人不在一块了，索是"索居"，"索居"者是孤独的住，离是一个意思，索是另一个意思。"几年离索"是说我们有几年看不见了，我们分手了，但是这几年，我还是独居的。所以，离和索还不是一个意思，"离群"和"索居"还不完全是一个意思，"离群"是和群众离开了，"索居"是自己一个人住，所以有时候理解一个成语，也得把这个字义搞清楚。

　　这里我推荐一本书，就是《王力古汉语字典》，对研究古汉语、搞古典文学有用。在这本书里讲："《说文》索字在朩部和宀部，朩部云：'草有茎叶可作绳索'。宀部作索字，曰：'入家搜也'。"这本书是很不错的工具书。顺带着我说一件事，前天下午我在福州逛街，我就问陪同的老师，你说福建的简称"闽"字到底是读平声还是读上声？我这么一问，他也有点含糊了，他说这个字是不是应该读平声？我说，对！很多人读这个字都读成上声了。《王力古汉语字典》收了这个字，只有平声没有上声，所以我认为这部字典高！它没有以讹传讹读了上声，它只注了一个平声。我们整天就在福州待着，连当地的一条有名的江和本省的简称都没读准，到底是念上声还是念平声？所以别说治文学者宜略通小学了，恐怕在我们日常生活当中也得略通小学吧！所以我说宜略通小学还是很有必要的。

　　我再讲一首诗，跟训诂也是略有关系，是大家熟而又熟的《诗经》里的:"采采芣苢,薄言采之。采采芣苢,薄言有之。采采芣苢,薄言掇之。采采芣苢,薄言捋之。采采芣苢,薄言袺之。采采芣苢,薄言襭之。""芣苢"有两个讲法,旧注是车前子,闻一多先生说当"薏仁米"讲,"芣苢"就是"薏苡",不管怎么讲,都认为这种植物是对于妇女生育有帮助的,用现在的话说就是妇科良药。这首诗就换了六个字:"采、有、掇、捋、袺、襭"。现在讲这首诗的人都认为这六个字是先后的次序,从清朝的朴学大师王念孙的《广雅疏证》开始,一直到当代的学者,包括做《诗经选》的余冠英先生,都这么认为。余先生是我的前辈,我跟余先生关系很好,但是这一点我不同意他的观点。我认为,"薄言采之"、"薄言有之",已经有了,已经拿到手了,那后面的"掇之"、"捋之"、"袺之"、"襭之"是什么意思呢?从王念孙到民国初期林义光的《诗经通解》都有这么个讲法,说"采采芣苢,薄言采之"是未到种芣苢的地方,心里想"采","薄言有之"是准备"采",然后是具体地"采",我认为这个训诂也不到位。《毛传》里已经说"有"就是占有的意思,比如说给我倒水,我说"你别倒了,有了有了",那就是说我这里已经有水了,这不是最简单的讲法吗?我有一个讲法,我认为这首诗的六个字不是一二三四五六的次序,而是一二,然后是一甲一乙,然后是二甲二乙,或者说是 A、B,然后是 A1、A2;B1、B2。怎么"采"呢?"掇之"、"捋之",怎么"有"呢?"袺之"、"襭之"。"采"下面有两个步骤一个是"掇"、一个是"捋",怎么"有"呢? 一个是"袺"、一个是"襭",这么一讲这首诗就很清楚了。要按着次序来,我就要问了:你都"有"了干吗还要"袺"、"襭"?当然,我这么讲,还是有一点考据的,这个"掇",就是我们常说的"拾掇拾掇"的"掇"。古代的训诂书里,包括《说文解字》,都说"掇"是"拾也"。我们现在常说,屋子太脏了,咱们拾掇拾掇。"拾""掇"连用,掇就是拾,拾就是掇。也有人说当"拿"讲,曹操的《短歌行》里有"明明如月,何时可掇?""可掇"就是可以拿下来,月亮怎么拿下来?南宋理学家杨简是慈溪人,慈湖是他住的地方,杨简的《慈湖诗传》里,他讲这个"掇"字,就训"掐"。"拾"在古代可以读 qiā,我认为"拾"是"掐"的本字,因为从"合"的字读 qiā 的有很多,如恰当的"恰"、融洽的"洽"、袷袢的"袷",韵部一样,所以这个"拾"字可以读 qiā,就是"掐"的古写字。这是我的讲法,所以"薄言掇之"就是"薄言掐之"。这是我讲《芣苢》,这么一讲,文学就跟训诂挂了钩了,我认为"采"管着"掇"跟"捋","有"管着"袺"和"襭",这个我开始写了一篇文章,我把我的见解跟俞平伯先生说了,得到俞平老的首肯,俞先生说"可谓定论矣。"我想,说定论也不为过,因为这样就讲通了,原来那种讲法讲不通。

再举一个例子。咱们现在常说"明日黄花",这个词出于苏东坡的诗词。苏东坡说过两遍,他在去黄州之前作的诗《九日次韵王巩》里有:"相逢不用忙归去,明日黄花蝶也愁。"到了黄州,他写的词《南乡子·重九涵辉楼呈徐君猷》又说了一遍:"万事到头都是梦,休休,明日黄花蝶也愁。""明日黄花"什么意思呢?就是时过境迁的意思，换句话说就是时不再来了，事情都过去了。现在很多人，大概是念英文念惯了，认为"明日"是 future tense，是未来式，未来式怎么会有时过境迁的意思呢？于是乎就改了，"明日黄花"改成"隔日黄花"、"昨日黄花"，越改越离题了。我写过一篇小文章《明日黄花及其他》，原来苏东坡写的诗也好，词也好，都是写在重阳节九月初九！古人重阳节赏菊花就跟我们现在八月中秋吃月饼是一个意思，是应节当令的，八月十六再给人送去月饼，就过时了。东坡写这个诗也好，词也好都是九月初九当令的，他说那黄花过了今天，到了明天就过时了，就没人理了。苏东坡此句源自晚唐诗人郑谷《十日菊》诗意，郑的原诗是："节去蜂愁蝶不知，晓庭还绕折残枝。自缘今日人心别，未必秋香一夜衰。"大意说：重阳佳节刚过去一天，菊花也随着过了时，但是花还在开，蜜蜂一看这花要谢了，也采不着花粉了，就飞开了，蝴蝶不知道，还围着这花转。换句话说蜜蜂知道愁了，蝴蝶还不知道愁，还在围着残败的花在转。这里十日专指九月初十。东坡写的就深了一层：到了明天，黄花旁边的蝴蝶也愁了，蝴蝶也不理它了，不光是蜂愁，连蝶也愁了，蝶也不沾那个黄花了。要是改成昨日黄花就不行了，九月初八的黄花还正当令呢，只有明日黄花那花才不值钱了。所以，用成语也不宜凭自己主观的意思去改，这个好像跟治文学宜略通小学不完全相关，这是一个民俗的问题，我顺便想起了"明日黄花"这个成语也不能随便改。

我讲课有个毛病,总爱跑题儿,常常节外生枝,换句话说就是讲课有水分。要说有水分,"明日黄花"这个典故不应该在这里讲,因为不完全跟小学有关系。但讲课有水分是我的老师林庚先生提倡的,他在北京大学的大礼堂里给全校的同学作告别演讲时提到:"讲课不能没有水分呀!"他举了个例子说为什么没水分不行呢?《红楼梦》里贾母有贴身丫鬟叫鸳鸯,王熙凤捧贾母也捧鸳鸯,说:"老祖宗,你呀真会调理人,你看你把鸳鸯调理的跟水葱儿一样,多漂亮。"林先生下面接着说,请问,如果曹雪芹写这个时候把那个水字要是去掉了,写成调理的跟葱一样,会是怎样?结果那个大礼堂里坐着不到一千人,笑声不止。老先生讲课艺术特点就在这,他没有正面点出来什么意思,但底下人一听,简直是比听侯宝林说相声效果还强。他说出一个道理,就是,老师在课堂上讲课,不一定句句都死扣主题,也要有引导和启发。

咱们再谈一点关于治文学宜略通小学的例子,这里我举一个我带有个人创造性的意见。北大50年代中期组织编写文学史参考资料。先秦两汉部分是游国恩先生主编,由我执笔,出版后反映还不错。在编《魏晋南北朝文学史参考资料》时遇到一个问题,就是注孔稚珪《北山移文》的时候,有一句话不知道应该怎么注好。《北山移文》后半部分有这么几句:"使其高霞孤映,明月独举,青松落荫,白云谁侣?""高霞孤映"好理解,"明月独举",举就是上升,"白云谁侣",侣就是伴侣,"青松落荫",松树通常是不落叶的,落荫怎么讲,大伙就讨论商量。我就翻旧本的《辞海》,当时只有一些旧的工具书,我查了,没有一条合适的。于是乎我就考虑,这"落"字应该怎么注?1961年我写了一篇短文叫《释"落"》,研究这个"青松落荫"什么意思?后来我想到一个词"落后","落后"这个词是从隋代的薛道衡的《人日思归》来的,"入春方七日,离家已二年。人归落雁后,思发在花前"。人日就是正月初七。"思发在花前"就是思归的想法在花还没开的时候就有了。但是这里这个"落"怎么讲?我从"青松落荫"就想到了这个"人归落雁后"。另外呢,还有一句诗,是我十几岁的时候读的,杜甫《重过何氏山林》其中一首有这么两句:"犬迎曾宿客,鸦护落巢儿。"当时没弄明白,以为小乌鸦从窝里掉下来了,后来一想真要掉下来了就摔死了,就不是"护"了。我一下明白了,"鸦护落巢儿"是老乌鸦保护还不能飞的而留在巢里的小乌鸦,"落"应该当"剩下"讲,当"余下"、"留下"讲。我们现在说落(là)下了,因为落是入声字,可以变音,北方念là。那么我就明白了,"青松落荫",青松只留下了树荫。这四句是一个意思,就是:人走了,留下了来的明月也好,高霞也好都是孤独的,青松只剩下了树荫,白云也没有人伴了。所以最后我就确定这个"落"应该当"留"讲。那有没有旁证呢?"鸦护落巢儿"是一个,"人归落雁后"也是。在现代汉语里,说一个人买股票,赔本了,把财产都赔进去了,常说"一个子儿也没落住",就是一个子儿也没留下,就是这个落。后来我把这个意思和周祖谟先生谈过,周先生给我补充了一条，写字画画请书画家"落款"就是请你留款，把你的名字得留在那个字画上。所以周先生很同意我这个说法。当然，不是所有的"落"都这么讲，"落木千山天远大"，"无边落木萧萧下"，还是当往下掉讲。

孔稚珪的诗里还有另外一句，也应该这么讲。就是《游太平山》："石险天貌分，林交日容缺。阴涧落春荣，寒岩留夏雪。"阴涧是背阴的山涧，春荣是春天的花，"落"字和"留"字对应。有的注解说，在背阴的山涧里春天的花都落下来了。我说不对，第一和"留"字不对仗；再有，花都落了还用写吗？福建山水很好，大家出去逛山水，就会看到背阴的山涧，季节比别的地方要晚一点，天暖了，背阴的地方，花还没开，等到了快到夏天，那个地方还留有残雪，是个值得观赏的景观。所以"阴涧落春荣"，就是在背阴的山涧里还留有春天的花。还有一句薛道衡的名句："暗牖悬蛛网，空梁落燕泥。"我琢磨了：空屋子的窗户上悬有蜘蛛网，空梁上有小燕子搭的窝，如果把"落"讲成了往下降落，这个也太不美了，走进空屋子里，梁上噼里啪啦往下掉泥。我们应该有这个常识：燕子窝是很结实的，它头一年搭在那儿，第二年小燕子来了还住它那旧巢，东坡的诗不是有"巢痕旧认"吗？就说那燕子第二年回来还认那个旧的窝，可见梁上的燕子窝不是很容易就往下掉的。"空梁落燕泥"就是空梁上还留有燕子的那个泥巢，我认为这么讲比那个往下掉更美。所以我总是举这个"落"字例子，以示我的创造发明。

我还记得，1957年在开工具书的课讲部首的时候，我就说部首的字都有读音。比如糸读 mì，豸念 zhì，过去写头髮的髮上面那个字"髟"，读 biāo，宀念 mì，宀上加一点儿"宀"念 mián。还有一个字，也是那个宀下面加两横，冃念 mào，冒的字头，"冒"就是"帽"，就是戴帽子的那个"帽"，现在我们写帽子的"帽"加巾字旁，其实不要巾字旁，那个冒就是帽子的帽，它是象形字，一个宀，蒙盖的意思。底下两横道儿，像额头纹。下面一个目字，就像帽子遮着眼睛。所以我就说不光是读文学，就是日常生活，日常生活常识，最好也略通小学。特别我觉得中国文字相当美，刚才我就说了：一个宀字头，一个火，一个又就是手，手拿着火把进到屋子里，那不就是叜（搜）吗？

我觉得搞小学，搞文字、音韵、训诂有三大难点：第一个难点就是从甲骨金文到《尚书》，尤其《尚书》还是很难读的，当然随着甲骨金文的发掘发现，《尚书》有些理解了。我认为古文字是一个难点，包括甲骨、金文以及现在出土的东西，这些东西有一个问题，由于文献不足，容易一个人一个说法，不能统一，考古出土的文物越来越多，这个学问越来越难了，这是一个难点。再有一个难点是敦煌文献，敦煌的东西到现在我是不敢搞，准出毛病，因为什么呢？因为至少占百分之五十你得猜，不好办。第三个难点，现在好像接近解决了，就是元明以来的戏曲、小说里的方言俗语。可是，不能把这些难点全推到搞语言学的人那去，因为这些东西都跟文学有关系，搞敦煌文学的要是不认得古体字，行吗？搞元曲的、搞传奇的，或者是搞小说的，小说里用的成语、词句是不是都能理解？不要以为小说里这种东西不多，有的时候一个词弄错了，整篇的都拧了，我不是危言耸听，真有这种情况。

小说戏曲跟文字训诂也有关系。《水浒传》是四大古典小说，其中武大郎，谑称他为"三寸丁，穀树皮"。"三寸丁"形容他个子矮。新印的《水浒传》都印成"谷树皮"了，"谷树皮"怎么讲？"谷树"？没有这种树！其实谷字的繁体字"穀"和另外有"榖树"的榖很相似，左半边的下面，一个从"禾"，一个从"木"，是两个字，榖皮可造纸，一块青，一块白的。可能武大郎有白癜风，用此来形容。和"稻谷"的谷（穀）不是一个字。再举一例，周一良先生是史学家，他对小学，对文字、训诂这方面还是很有研究的。周一良先生的《魏晋南北史札记》（简称十二史札记）是中华书局委托我通审的，这里就涉及小说的问题。《三国演义》里有一回张翼德鞭打督邮，就写把督邮拴在什么地方用柳条鞭他。周先生发现那个字不是柳树的"柳"，是"枊"，这字读 àng。枊就是拴马桩、拴马石。《三国志》里记的是刘备鞭督邮，《三国演义》里是张飞鞭督邮。不管谁吧，把督邮拴在拴马石上打了一顿。《三国演义》作者的小学程度不够，他把那个字写作柳树的柳了。要是不懂文字训诂的话，就一辈子柳条下去了。所以说，小说跟文字训诂也有关系，《三国演义》里类似这样的还有。

回顾我的治学道路是这样的：年轻的时候是述而不作，我只讲别人的，中年的时候我是以述为作，就是说我同意谁的我就讲谁的，不同意的我就不讲，以述为作，这里面或有一些自己的看法，"文革"以后我再讲课，类似今天这个课，不是我自己的东西我不讲，别人的东西你看别人的著作好了，听别人讲好了，所以今天我讲的还是以个人的不成熟的意见为主。

今天只举了几个例子，但是我的意思大家还是理解的，就是说文学跟小学，跟文字、音韵、训诂这些东西是分不开的，这个基础要是不牢，就做不好文学研究。我再补充一下，就是整理古籍很重要，整理"今籍"也很要紧。再过几十年上百年"今籍"也变成古籍了，现在《鲁迅全集》已经变成"古籍"了，时间是不等人的。举个例子，东北有个词叫"忽悠"，现在大家都很熟悉了，到处都在"忽悠"。我就要说，过五十年以后这"忽悠"非得加注解不可。还有像今天产生的一些词，过五十年，都要加注不可了。所以我说整理古籍很要紧，整理今籍也很要紧。整理今籍是什么，就是我说的这些俗语，但是过若干年就有可能变成了大家不太懂的话。周立波的《暴风骤雨》用的是方言，所以有的地方他自己就加了注，要不加注，外省人就看不懂了，是不是？好了，耽误大家时间了，谢谢大家！

整理：钱钢、韩嘉祥

古籍整理中的点、校、注、译问题[①]

今天我要讲的这个题目是十多年前的旧题目,当年我写过这样一篇文章,发表在北京图书馆的杂志上,题目就叫《古籍整理中的点、校、释、译的问题》。这本来是一个老题目了,事隔多年,为什么我还用这个题目来讲呢?只能说明一个情况,那个时候写文章,是希望在古籍整理中,标点要少一些错误,校勘的工作要细致,解释要准确,今译当然也希望准确,所以才写了那样的一篇文章。将近二十年过去了,这个问题依然存在,而且是于今为烈,并没有在我们的学术界真正有所改善。当然不能说没有改进,但还是一个值得提出的话题,所以把这个题目重新提出来,跟大家谈谈。

实际上,现在的问题比我写文章的当时范围大多了。那个时候,我是把问题限制在古籍整理的范围里,只谈古籍整理。现在看来,实际上还应该把题目再扩大点。在我们的日常生活中,特别是文化窗口,电视、广播、报纸杂志,当然也包括大家读的书中,也存在着我要说的这些问题。我说一句,可以说是提起来很痛心的话,

---

[①] 根据 2002 年吴小如先生在北京图书馆的讲座录音整理。

张恨水、刘云若,这些过去写通俗小说的,就是报纸上连载的那种小说,过去是不登大雅之堂的,现在也把他们的作品重印了,供读者阅览,我也买过几本来看,里面断句也有错误,也有错字。张恨水也好,刘云若也好,他们虽然不是从事古典文学的研究者,但他们旧学功底还是不低的,在他们的小说里就有很不错的旧体诗词及四六文。我就举一个例子吧,在刘云若的小说里,他用了一句"旅进旅退",这句话最早出于《左传》,就是说:跟着大伙一块儿来,跟着大伙一块儿走。这句话是一个成语。现在重印的这个通俗小说,不知道这个"旅进旅退"是什么意思,结果就印错了,我不太记得是印成了"旋进旋退",还是什么进什么退,反正你要是不知道这是出于《左传》,是"旅进旅退"那句话,简直看不懂,不知道说的是什么意思。重印一部当年不登大雅之堂的通俗小说都出现错字,这事儿至少让我这个教书匠感到痛心。在我们的日常生活中,特别是在一般的图书、杂志、报刊上都有这个问题。那么为什么老出现这种错误呢?我个人的理解是这样的,就是现在念古书的人越来越少了,读懂古汉语的人越来越少了,不理解,读不懂,看不懂,于是乎就发生了错误。或者是标点出错,或者是解释出错等等。一般人读不懂也就算了,可是古籍整理者,在整理古籍的时候要是弄错了,而且把这个书出版了,那实际上,就是现在我们经常用的一个词,叫"误导",那就是往错的方向去引导人。

昨天我看最新的一期《中华读书报》,上边提到了"电脑的数据库",有一个软件就可以把《四库全书》、《二十四史》等等都收进去。它说,过去的大师级的学者都靠博学、博闻强记,能够知道得多,读书读得多,比如钱锺书先生,再老的像陈寅恪先生,学问都在脑子里装着。现在有了电脑了,大师级的人可以不重要了,电脑可以代替那个大师级的人物了。我看了以后很有感慨!如果这个软件里输入的东西是有标点的,而这个标点是错的,那你查出来,再用它,是不是也继续错呢?这就有个问题了,当年中华书局请俞平伯先生审阅标点本的《资治通鉴》。老先生很认真,一行一行地看,一本一本地看。我去拜访他时,他就和我说这上头错得一塌糊涂,说:"这标点点错了还不如不标点了,不标点,你靠自学悟出来,也许还不会错,标点错了以后,再改可就难了。"老先生很感慨这种现象。俞先生和我说这话,恐怕有三十年了,距离我写文章到今天差不多也快二十年了,这种现象始终是有的,而且是变本加厉,所以今天拿这个题目来谈。

读者要是被误导了,那危害性更厉害。去年末,有人在南方一个杂志上发表了一篇文章,据说作者也是我们北京大学出来的一个年轻人,听说是钱理群先生的学生。文章说,"古汉语应该从基础读本中退出。"意思是说,中小学的学生可以不要念古文了。据说引起了不同的意见,有争议。争议我没看到,这篇原文我是看到了。有的学生就问我,对这篇文章有何看法?我说没有看法,我只给你讲一个京剧里的故事。京剧里有一出带有瞎胡闹性质的小戏叫《打面缸》。这个戏里有个县太爷，还有一个县丞，县丞就是副知县的意思，知县不在时候他可以代管一段时间。这个戏里还有一个师爷，又叫书吏。都是丑儿，都是小花脸。来了个告状的，拿了一张状子，有冤屈，请县太爷给判断冤情，希望老爷给做主。老爷就让书吏读这个状子，半天他也没读。老爷说："念啊。"书吏说："回老爷的话，头一个字我不认识。"老爷说："那好办，很简单，你把它撕了，撕掉。"师爷说："回老爷，第二字我也不认识。"老爷说："那再撕。"师爷说："回老爷，我全不认识。"老爷说："那你通通把它撕掉。"写那篇文章说让古汉语退出中小学课本的同志，我看他自己大概读古汉语相当吃力，要是废除古汉语了的话，他就是个通人了；不废除的话，他就是个糊涂人，因此他就希望古汉语、古文、古诗退出中小学的课本。你不能因为你不懂就把它废掉。当然戏台上是讽刺当官儿的不认识字了。可是呢，现在我们堂堂的学者，年轻的学者，也居然站出来说这样的话。我们这些在学校教了一辈子书的人实在觉得有点伤心，教来教去，教到了说可以废除这些东西了的地步。尤其我这个教古典文学的，幸亏现在退休了，要不然我也得另外找辙了，没饭吃了呀。这个是我插进来的一句话。

那个数据库把《四库全书》、《二十四史》、《资治通鉴》、佛教的《大藏经》、道教的《道藏》等这些大部头书全都纳入了电脑，查起来倒是方便。那我要问，是白文呢？还是有标点的？有标点要是错了，怎么办？我想那些大师级的学者之所以称为大师，大概也不敢保证一个错也没有，但是至少错误不像现在期刊书本上那么多。如果说有了电脑，大师级的学者可以不要了，我看太危险了。而且最近我听说，我们的教育部门要求从小学起就施行"双语制"。我小学受的是半殖民地教育，所以我小学大概几年级就开始读英文，好像现在比那会儿要求更严格了，那会儿无论如何，国语还是占主要地位，外语总还是辅助性的，现在要求"双语制"，意思就是说你要是不会外文就不行，换句话说你不会英文就不行。是啊！我们现在考硕士、考博士，困难不在专业课，而在于英文老考不及格，考不及格就落选。这个情况我还可以找出一个例子来：香港大学当初是英国人出钱办的，我一个亲戚就是香港大学本科毕业，然后又念了硕士，博士没混上，现在还是以硕士的身份在港大教书。他是怎么考进港大的，不考国文，就是中国的东西可不考，就考英文，英文及格，分数高，录取！看来我们这个国家至少要跟香港大学看齐了，所以我就有这样一个想法。

2001年的3月底，台湾来了一批研究生，有二三十人，有硕士，有博士，由一个青年女教师领队，到北大交流。本来我已经退休，而且已经离开中文系了，可以不管这事。中文系觉得到北大来一批研究生，总得给他们讲点什么，结果来找我。后来那个带队的女老师出于礼貌，请北大中文系的副主任陪着到我家来，谈了一次话。临走时候的告别，从她谈话里我发现，这位女同胞功底不错。现在我们查字典，作部首的字，差不多都不会读音了。我跟她谈话时,我说有个字,绞丝旁,这都是俗念了,她马上就回我一句话,说:"哦!那个糸(mì)字旁。"记得1957年我在北大中文系讲《中文工具书使用法》的时候,教过同学们部首怎么读音。那个时候,有人认为我是多事儿。可是现在,恐怕我们的博士生、研究生已经不太注意那个部首、偏旁读什么音了。而那个从台湾来的女老师,不是有意跟我卖弄,她就是随口一说。我一想,这个学生大概基本功还不错。

1999年,我给北大中文系讲了一学期课,那个课的题目叫"经史举要",是讲"十三经"及史书举要。当时的学生不爱听这个课,很枯燥。我当时也很后悔,吃力不讨好。这个课我一共讲过两次,一次是八十年代,给历史系开的。那个时候我着重讲史,因为给历史系的同学讲。这次是中文系的同学,我就着重讲经,史放在次要的地位。因此,我就着重谈到了一些书的名字和一些作者、学者的名字,这其中就有一点也算是鸡毛蒜皮的学问。清代有一位很著名的学者,也是经学家,也是史学家,叫王鸣盛,王鸣盛最有名的一部书就是《十七史商榷》。清代有三部讲通史的、带有札记性的书,一部是赵翼的《廿二史札记》,一部是钱大昕的《廿二史考异》,还有就是《十七史商榷》。王鸣盛除了这部书外,还有一部学术笔记,书名是《蛾(yǐ)术编》。"蛾"现在都念é,但是这里可不能读é。因为这句话出于《礼记·学记》,"蛾子时术之"。"蛾"这个字在古代和蚂蚁的"蚁"的繁体字"蟻"是一个字,《学记》里那句话应该读"蛾

(yǐ)子时术之"。怎么讲呢,因为蚂蚁走路都是排着队走,按照次序走。那个"术"当"道儿"讲,就是顺着一条道走。王鸣盛自己很谦虚,说我自己做学问,我是一个后学,跟着老前辈的脚印,跟着他走。应该说是《蛾(yǐ)术编》。简化字更麻烦了,"蚁"离那个字就更远了,但你不能给人家改书名呀。我讲课的内容大体如此,虽然讲的是经史举要,可是其中介绍人名字、书名字太多了,这些也是需要知道的。北大中文系两位副教授,都是我的学生,也是在听我讲了以后才知道,敢情这蛾(é)也可以读yǐ。那个俄罗斯的"俄",和礼仪的"仪"的繁体字"儀",在先秦的时候也是可以通读的,不仅当"俄尔"讲,而且还跟"儀"字是相通的。这些东西,你说有多大学问吗?没多大学问,鸡毛蒜皮,可是你要不知道呢,你就露怯。

现在开始谈正文,先谈标点问题。标是标,点是点,现在标号是越用越少了,只有书名号还算是常用。过去竖排版的时候,书名、篇名旁边的,人名、地名旁边的那个符号叫"标"。句号、冒号、逗号叫"点"。

咱们先说标号。我的意思是说,所有的标点错误、注释错误及各种各样的错误,都是对古书没读懂。而且也好像不太希望读懂,都是陶渊明的学生,陶渊明还是"好读书不求甚解",现在有的人是不读书更不求甚解了。所以我写过一篇小文章,叫《著书宜略读书》。既然都能写书了,就要稍微读点书。我也不敢说我读过多少书,我也在写书,可是在写以前我还是略读书,还得再翻翻看。

近二三十年以来，出了好几部李商隐集子的注解。李商隐是晚唐著名诗人，在清代，李商隐集子的注解，最有名的就是冯浩《玉溪生诗笺注》。李商隐的别号叫"玉溪生"。我看到有的书上就这么写："冯浩玉作的《溪生诗注》。"还有一例，宋朝有个学者叫吴曾，写了一个笔记叫《能改斋漫录》。我就看到有文章说成"吴曾能《改斋漫录》"。这两例都错得离谱。我就此写了一篇小文章在报纸上发表，我的老朋友周汝昌先生看见后还作打油诗寄给我，记得头两句就是："吴曾能与冯浩玉，此日方知学问多"。中华书局应该是专印古籍的出版社了，在它们的宣传材料上，它们出的刊物上，就出了一个笑话。清代有一个研究"三礼"（即《周礼》、《仪礼》、《礼记》）的学者叫凌廷堪，他写的一部集子叫《校礼堂集》。当然还有《校礼堂文集》、《校礼堂诗集》。他的书斋名叫"校礼堂"，他的意思是：他这一辈子就是研究"三礼"的，对"三礼"的本文他曾经校过。可是写文章的人弄错了，他说：清代有个学者叫凌廷堪，他校了个集子叫《礼堂文集》。把"校"字从书名号里剔出去了。好像凌廷堪没写这部书，他只是校了，校的还是《礼堂文集》，也是不应出的错误。

我先从"标"谈起，就是"标"这个书名号。要不把书的名字标到人的名字里去了，要不把书名的字给剔出来了。由此我想到，有一次在俞平伯先生家里，俞先生指着一篇文章跟我说："你帮我找找这部书，我找不着。"是怎么回事呢？有篇文章介绍俞平伯先生的曾祖父、清朝的大学者俞樾（号曲园）。就出了这么一错儿：俞曲园写文章批评另外一个人，说这个人对经学的道理不太懂，认识比较浅，原文是"其人于经义尚疏"，意思是这个人对经学知道的还不太多。结果标点俞曲园书的那个人给"经义尚疏"这四个字加了个书名号，《经义尚疏》成了个书名了，这就完全错了！这是说"标"，然后再说"点"。

"点"的问题太多了，古人常说"学识如何观点书"，"点书"以前指断句，今天就是给古书古文加标点。我曾经为标点的错误写了不知道多少篇文章了，骗了不少的稿费。但是我的内心呢，我不忍心拿这个赚稿费！我觉得这种现象让人看着不舒服。

这里就举几个例子。现在也重印了不少笔记小说，包括《阅微草堂笔记》、《聊斋志异》这一类的笔记小说，就在这一类的笔记小说里也出错。现在我们有个词"种种"，"种种"怎么样、怎么样，种种的情况不一而足，常常有这个说法。但是"种"这个字在古代可不是当一种一种、各种各种的意思。最早这个"种"是形容人老了头发稀疏，头发不多了。像我这个头发就有点是"种种"的意思，有点像"三毛儿"的头发那意思了。"种种"就是一根一根的，稀少了的意思。这个词最早也是出于《左传》，《左传》"余发如此种种，余奚能为"。头发如此种种指头发越来越少越来越稀了。后来笔记小说里也常用"种种"形容白发，或说"种种白发"，或说"白发种种"，这在笔记小说里是常有的。可是现在的标点者不太懂"种种"

是形容头发的,就把"种种"跟那个"白发"分了家了,分开点了,这就不通了。这还有情可原,因为这是《左传》里的,你念过没念过这还有情可原,可是有的地方就不能原谅。如果你是一个整理古书的人,至少你知道古书里的虚词呀,语尾的助词很少有跑到句首去的。跑到一个句子头一个字去,只有白话儿还可以。比如说这个"也"字,"也"字在唐诗宋词里倒是可以摆到头一个字的,因为实际上用的是口语了。比如"也无风雨也无晴",这个"也"字是在句首。可是在古代散文里,这个"也"字在头一个字的情况实在是太少见了,可以说是绝无仅有。结果有人标点古书,就愣把这个"也"字,明明是上一句的一个语尾助词,放到下一句的前头了,这就不可原谅了。还有一个词就是"云尔"。"云尔"是个语尾助词,这个词也很少摆在一句开头。就有人标点古书,把"云尔"这两个字从上一句的末尾切下来,摆到了下一句的开头,"云尔什么什么什么……"的,这怎么讲呀!一个成语,一个典故你不了解,搞错了,虽然也不应该,还罢了。可是这个"云尔"你搁在句首,搁在一句的开头这总不行吧!

即使一些耳熟能详的古文名篇,也未必没有标点的错误。例如,王维的《山中与裴秀才迪书》,是一篇很著名的文章,一些古文选本大都选了这篇文章。文章的开头一节:"近腊月下,景气和畅,故山殊可过。足下方温经,猥不敢相烦。辄便往山中……"标点都是如此,无一例外,也许先入为主没有人去细究。我认为其中的

"过"字,应属下句,"近腊月下,景气和畅,故山殊可。过足下方温经,猥不敢相烦……""可"有好的意思,"故山殊可"是说:山中的景色别有一番情趣,很好。"过"有经过、看望的意思,"过足下方温经",是指路过你那,想约你同去,但看到你正在读书,所以"猥不敢相烦",不便打扰你读书,只好自己去了。"过"字应属下读,否则怎么知道"足下方温经"呢?"过"字作经过、探访的意思,在书信中也是常见的。看来一些名篇还是需要细读的。

我刚刚从一个熟人那里借来一本书。我本人很想去买这一套书的,这套书叫《新世纪万有文库》,是辽宁教育出版社出的,里面重印了不少部不常见的古书。本来我看了书目以后心动了一下,心想这书要买到手不挺省事的吗?省得去翻那线装书了,这套书还可以拆开卖。其中有一本是一位清朝的学者汪中写的,汪中是清朝中叶一个很有名的学者。汪中的集子叫《述学》,就这么薄薄的一本。以前我读过的那个《四部丛刊》本是三个线装本,这儿就变成薄薄的一本了。我就举这个书里的一两个例子吧。在这个《述学》新印本第 92 页,汪中的母亲故去了,他给他母亲写了一个事略,就等于给他母亲写一个传。他怎么说呢?他说"母生子女各二"。这个大概大家都知道,就是汪中兄弟姐妹有四个人,当然其中就有汪中了。下边的一句话是"室无童婢"。就是说他们家很穷,家里既没有书童,没有伺候人的婢女,就是丫鬟。然后就是无论饮食穿衣吃饭什么的都靠母亲一个人。我就不说原文了。这段话我想一般人标点也不会出错,可是这本书上怎么着呢?标点成了"母生子女各二室,无童婢。""各二室"什么意思?我就不懂了。要说汪中写的文章,深的那是很深很深,我特意举这么一个即使不标点也能看得出来的。再举一个例子,这个见于这本书的第20页。这个是汪中讲古礼了。大致的意思我说说,原文读一遍太费事了。他意思是说,如果儿子娶妻了,那么儿子的父母就可以拿她当儿媳妇。"子得而妻之则父母得而妇之"。意思是:既然儿子可以拿她当媳妇,当然儿子的父母也可以拿她当儿媳妇。父母和儿女的关系这是直系亲属,儿子娶妻当然父母可以拿她当儿媳妇看。"婚至明日乃见于舅姑",结婚的第二天就去参拜公公婆婆,这是种礼节,古代儿媳妇结婚以后去见公婆。唐诗不是有句"洞房昨夜停红烛,待晓堂前拜舅姑"。这个"舅"可是"公公",可不是"舅舅"。咱们教科书里选那个《苛政猛于虎》一文,有一句话:"吾舅死于虎",不是她舅舅,是她公公让老虎吃了。汪中的文章下面接着说:"父得而妻之则子得而母之"。这意思是说父亲续弦了,既然父亲可以拿她做妻子了,那么做儿子的也应该承认她是母亲,因为她是父亲的妻。底下一句"故继母如母",做晚辈的也应该把继母当母亲来对待。汪中的文章是对比的,儿子结婚,妻子应该拿儿子的父母当自己的父母,公公婆婆也是你的长辈。那么父亲要是再结婚,继母是父亲的妻子,所以儿女也应该拿她当母亲一样,"故继母如母"。标点者在"继母"那儿断开了,是顿号,还是逗号?我记不清了。反正是断开了。"故继母",那个"如母"甩到下面去了,我怎么看怎么别扭。幸好我还念过两天古书,我知道这是怎么回事,那儿不能断呀,那儿一断就错了!我就举这两个例子。

新印的这本《述学》里我可以举出50到100个错,但我只举出两个错。这个要是输入电脑,连标点也输入电脑,你要用的时候,要查资料倒是快,哗地一下子屏幕就出现了。你要是引用,用他的标点呢,你还要慎用,还要核查。报纸上就是这么宣传的:现在的古书十部有九部已经标点了,所以你用起来格外方便。我心想,这也存有一定的麻烦,标点错了怎么办呀!我想作为一个标点古书的人,你有资格标点古书,又是副教授又是博士,你总得研究研究,琢磨琢磨吧,拿过来就标就点,有点说不过去。说老实话,第一,我现在年纪大了,精力不济了;第二,我自己感觉学问太差,不敢接标点古书的任务。我说我玩儿不转,我整天说人家,到时候我标错了,这不丢人吗?干脆藏拙为妙,这事儿我不干。容易的尚且如此,难的就更不用说了。

汪中这个人在清代学者里是个很狂的人。在汪中的眼里,算得上是学者的人,甚至于算得上是读书读通了的人,很少。我不记得是什么书里了,我这里只当是个笑话儿谈了,这是一个故事。汪中曾经说,当代的学者如某人某人,是一个不通的学者,又如某某也是不通的,还有一个人也是不通的。清代三个大名鼎鼎的学者在汪中的眼里都是不通的。就有一位不知趣的人在旁边听见了,就问汪中,说:"先生您看我怎么样?"汪中说:"足下不在不通之列。"那人闻之,还沾沾自喜,汪中又补充说了一句:"足下再读十年书可入不通之列了。"钱锺书先生曾经骂过我"不通"。过了十年以后,我在一篇文章里回答钱先生。我说,我十年没有看到您,不知道我这十年学问有没有长进。我就引了汪中这个典故,我说,请先生看看,我是不是够得上"不通"那个等级了。所以汪中是个很狂的人。当然他写的文章也是很有分量的。结果经过标点者这个"妙手",不是妙手回春,而是"妙手葬春",把这个春天整个毁了!用四个字来形容,"不忍卒睹!"看不下去。好了,标点咱们就谈到这。

　　下面谈"校"。"校"就是校勘、校对。这里我不想大讲校勘学,那是一门专门的学问,太琐碎,太枯燥。我只讲最近别人帮我找出的两个错儿。我也是一个自命不凡的人,但是既然人家把错儿找出来了,我乖乖地接受人家的意见,而且感谢不尽!我最近出了两本书,一本书里我引了王安石的诗。当时没有再去核对原书。因为在我脑子里诗的题目就是这么样,多少年了,我心想没错儿,我太自信了。《泊船瓜洲》,我记得是《船泊瓜洲》,虽然也讲得通,就是颠倒了一个字。原诗是"京口瓜洲一水间,钟山只隔数重山。春风又绿江南岸,明月何时照我还?"题目叫《泊船瓜洲》,而我屡次谈这首诗,我老用《船泊瓜洲》。这次出书,责编同志给我来电话说,这个应该是《泊船瓜洲》。我翻了好几个王安石的集子,就是泊船,我说你给我改过来吧,谢谢你。

还有一处。王维的《渭城曲》:"渭城朝雨浥轻尘,客舍青青柳色新。劝君更尽一杯酒,西出阳关无故人。"这首诗是习见习闻的,但是那个"尽"字,没有注意,写成"进"字了。我是不到十岁时念的,当年那个时候,我上小学,我父亲每天早上起来上班,在洗手间我们父子一起在那儿漱口洗脸,就在这个同时,我父亲教给我一首唐诗。我最早的唐诗的基本功,就是在上小学时开始学的。我父亲就今儿一首,明儿一首的教我,其中就有这首"渭城朝雨浥轻尘……"。教的时候就告诉我每个字怎么写,然后我拿笔记下来,上学的路上,边走,我就背这首诗,所以记是记住了,字呢?父亲也没查,我也没查。因为什么呢?因为那个责编跟我说,老先生给人家写的字,抄这首诗,用的也是这个字,看来你是受老先生的影响。我说,别说影响,我根本不知道是另外一个字。"劝君更尽一杯酒",这个"尽"是当喝完了讲。而我记成了李白的《将进酒》的那个"进"。我写的时候,"劝君更进一杯酒",你再喝一杯酒吧。原文是说"你再干一杯酒",而不是再喝一杯。这个错字,我算了算啊,七十多年的错误,我今年八十岁,这个错误我沿袭了七十多年!感谢那个负责的编辑同志,替我把这个错误更正了。当然我家里有好几种版本的王维的集子,于是我翻箱倒柜都找出来看,没有一个是进步的"进",都是那个干杯的"尽",我说这个是人家对,我错了,错了就改吧。第一是承认错误,第二是感谢指出错误的那位责编。

所以活到老学到老，这是属于校对方面的事儿。

　　顺带说一下，为什么我老谈这首王安石的诗呢？这里有一个问题。我们大家都知道，钱锺书先生的《宋诗选注》、周振甫先生的《诗词例话》都讲到了王安石的诗，他们引用的材料是南宋洪迈的《容斋续笔》，《容斋续笔》卷八就引了王安石的这首诗，说，王安石写这个诗的底稿上，"绿"这个字改了多遍。最初是"到"字，又改为"过"字，又改为"入"、"满"等等，最后改定了是"春风又绿江南岸"，这个变成了作诗修辞学的一个范例。钱锺书先生引了这个例子，周振甫先生也引了这个例子。王安石的几种版本的诗集也好，文集也好，有的是明版的，有的是宋版的，特别是宋本的《王文公文集》，是比较珍贵的南宋刻本。还有，王安石自己很重视这首诗，在其他的诗里面，王安石自己还引了这首诗，但不是"又绿江南岸"，而是"春风自绿江南岸"，是自然的"自"。这样一来洪迈的说法站不住了，所有王安石的集子和王安石转引自己的旧作，这句都作"自绿"，没有作"又绿"的，这就是属于校勘的问题了。究竟应该根据什么呢？我想不应该根据洪迈的二手材料，而应该根据王安石的本集，一而再写，都是"自绿"。这个就作为一个校勘的例子吧。所谓"校"，就是这一类的问题。

　　可是现在就又有问题了，现在因为同音异字的太多了，尤其是简化汉字以来，就更容易搞乱了。我老说这话，头发的"髮"和发财的"發"，简化字把这两个字合并了，成了一个字了。这就容易弄错。刚才我不说吗，"白髮种种"写成"白發种种"，"髮"跟"發"合并了，这就容易出问题了，这是同音异字。或者是既不同音又不是同义，但是字形一样，这也出问题。现在我们都知道写胡适的"適"，简化成了"适"，可是原本有"适"字，或写成"造"，与"適"是不同的两个字，这个字最早念 kuò、念 guā。洪迈的哥哥就叫洪适（kuò）。唐德宗李适，也读 kuò，不能读成 shì。可是现在一些大学者，张口就是洪适（shì）。邓广铭先生健在的时候就跟我说："怎么现在有人念洪适（shì）了，真糟糕！"我说："那赖谁呀，不念胡适（kuò）就不错了。"如果你是读古书的，一看，五四时候有个学者叫胡适（kuò），哈哈！胡適变成了胡适（kuò），洪适（kuò）变成了洪适（shì），这就出这问题了。校勘同音异字，或者是同字异义，甚至于同字异音，就有这个问题。

特别是繁简体互换，一互换就出问题了，有的刊物是用繁体字的，在校对的时候没有仔细核对，就往往出问题。我们现在写种类的"種"，都写成"种"。岂不知，宋朝有姓"种"字的（不是"種"的简化字），名人还不止一位。这个字就不读"zhǒng"，也不读"zhòng"，这个字应读"chōng"，宋朝的一个名臣叫种师道，你就不能读"zhòng shī dào"或"zhǒng shī dào"，字形跟那个简化字一样，但是这个字在繁体字里同样也使用。还有，姓范的范，决不能写成"範"，"范滂"、"范仲淹"决不可写成"範滂"、"範仲淹"，否则不是数典忘祖吗？我说这是一种人为地制造了校对上的麻烦，所以我个人对简化字始终有保留的态度。至少在繁体字里常用的字,不要也在简化字里常用。所以我总举例说皇后的"后"跟前後的"後"。香港印的书,皇后的后写成"後",那你怎么讲呀?还有松树的"松"和鬆紧的"鬆"简化成一个字了,我说这麻烦了,《水浒传》里的好汉叫武松,咱们吃的肉鬆也简化成了"松"。郑板桥有句诗,"咬定青山不放松"的"松"应该是"鬆",否则,怎么讲呢?这首诗是写竹子的,和"松树"没关系。这不行,所以有好多事情是人为地制造麻烦。

同音异字的事儿比较麻烦,这个我已经在各种讲座、各种场合说了不止一遍了。比如我们现在常说"入闱"一词,应该是"闱",不应该是"围"。过去考科举得进考场,阅卷的老师也得到一个固定的地方去看卷子,那个地方简称就是"闱"。说某人"入闱"了,换句话说就是他被选中了。你要入那个"围"就讲不过去了,你出不来了。这是一个,再有一个现在恐怕改不过来了。就是交代的"代",应该是"代",不应该是"待"。我批评人家不应该写"待",应该写"代",可是我自己的书出来,责编替我费心都改了,把"代"都改成"待"了!交代是什么意思呢?这个也是出于《左传》,"瓜时而往,及瓜而代"。意思是什么呢?就是说新旧的两个官儿,新的来接旧的,旧的卸任,新的来上任,旧的就把政权也好,事情也好,就交出去了,而接的那个人就代替他执行公务了。所以,有"交"然后有"代",他替他,接着他办。等待的"待"不行,没讲,你交了还得等着？而且我跟大家说一个道理就明白了，平声字有阴阳平，上去入声的字，这里头有差别。我专门请教过我们北大中文系的林焘先生，他是专搞语音的。我就去请教他："为什么古代有的字读上声的，现在变成了去声？古代有的字读去声，现在变成了上声？"林焘先生就给我解释了：阳上变去，阳去变上。去声字、上声字都有阴阳之分。比如说这个招待的"待"，它原来读 dǎi，后来是阳上变去，就读 dài 了。要知道这个字的本音是读上声的，你就不会再写错字了。代替的"代"本来就是个去声字，这里有这么一点差别，所以我老说，搞文学的同志呀，最好也懂一点文字音韵方面的知识，懂得这知识有好处没坏处。咱们谈校勘就谈到这里。

下面谈解释古书，就是注解。现在注解古书有一个普遍的现象：容易懂的注起来没完；不容易懂的，你去查注解，注解上没有。我不是说古人，我是说现在带注解的书，大部分书都是如此。有的时候我看到了该注的没注，我就多事，就写一篇文章替他补出来了，写个小文，也是骗稿费。

最近中学教材改革，各地出版社都出了新教材，咱们就说语文教材，其中就有这么一条，也是大家都熟极了的，李后主的词《虞美人》。词的下半阕："雕栏玉砌应犹在，只是朱颜改。问君能有几多愁？恰似一江春水向东流。""朱颜改"怎么讲？我看到《语文世界》杂志上有一篇文章，一个老师就说语文书上的注解不对，他有个解释发表了。我一看，这位老师过于求深，不能说他错。而语文书上的注解肯定是有问题。语文书上注成什么了？注者一想这"朱颜"肯定是女人的颜色，所以就说"宫女的容貌都改变了"。我就说，不对了！南唐都亡国了，光剩了一个建筑了，宫里早就没人了，还哪找那宫女去？注者认定了"朱颜"一定是女人的颜色。前天有两位博士光临寒舍，我就问，"雕栏玉砌应犹在，只是朱颜改"这个"朱颜"是什么意思？其中有一位博士就说：那朱颜不就是雕栏玉砌的颜色吗，它那颜色都掉了。我说，这是一个老笑话，是骂人不会讲词的。50年代，我们北大中文系的几个老师去逛颐和园，看到有的牌坊的画栋雕梁的漆皮都掉了，有的先生就开玩笑说："哎呀！朱颜改了！朱颜改了！"把漆皮掉了叫朱颜改，这是错的。杂志上那位作者认为："朱颜"应该指的是大好河山。他这个讲法过于求深，太宽了！实际上这"朱颜改"就是指李后主自己老了！就指他自己的颜貌变得憔悴，意指人事的巨大变迁。不要以为这"朱颜"只能指女人，不能指男人。其实作者可以指自己，这是很容易就可以懂的。

《离骚》里有两句话："芳与泽其杂糅兮，唯昭质其犹未亏。""芳"指的是草之香，"泽"指的是玉之润。"泽"当"润"讲，所以毛泽东主席的字叫"润之"。泽跟润连在一起，润泽是一个词。屈原的意思是什么呢？是说：我身上佩戴有香草，也有玉佩，芳香的与润泽的掺杂在一起，这就是我的"昭质"，就是我的光明磊落的精神面貌，我的气质，这个气质是没有亏损的。那个注解注的是什么呢:"芳"是正面的;"泽"变成一个贬义词,说是反面的,当"污染"讲。我说坏了,这可麻烦了,好多人起名字都叫这个"泽"呀,当"污染"讲的话,那名字的意思还能好吗?没有自己贬身价贬到这个程度的。这条注呀,一定出了问题!他这个注也不是说没有道理的,这个"泽"是可以有带贬义的意思,比如说"沼泽地",但那是特定的东西。还有一个就深一点了,说起来我就有点儿在这卖弄学问了。这个"泽",在古代还读 tà。我们穿的内衣呀,夏天穿的背心呀、老头衫呀那一类的东西,叫什么呢,叫"汗襗(tà)",身上穿的褟汗的。有的写成"襗",有的就写作"澤",这个出于《诗经·秦风》。因此在黄埔军校等军事院校,或者军队的同事之间,就叫"袍泽"。"袍"是外头罩的衣服,"泽"是贴身穿的衣服。《秦风》那首诗里就有"岂曰无衣?与子同袍。王于兴师,修我戈矛。与子同仇!岂曰无衣?与子同泽。王于兴师,修我矛戟。与子偕作!"就是打仗的战士们整天摸爬滚打在一起。所以后来用典到部队的人,行伍出身的人常常说:我们是"袍泽的关系"。那意思是说,我们是同事的关系,或者是上下级的关系。其实那个"泽"就是汗襗(tà)的那个"襗"。但是若要跟"润"字连在一起,那肯定是指玉的润泽。所以这个注解不可不慎也!

再举一个例子,是教材里的。张中行先生是我的老学长,他是人民教育出版社的老编辑,比我早十年在北大读书,不但是老学长了,应该是比我长一辈了。这位老先生讲归有光的《项脊轩志》,他有个新鲜的讲法,后来人民教育出版社出的教材就用张老的讲法,我认为,可商榷。归有光是个大家族,他自己住的房子就叫"项脊轩"。这个词儿挺有意思,"项脊"是苏州一条河的名字。项脊是什么呢?"项"是脖子,"脊"是脊梁骨,"项脊"本身就有又小又窄的意思,从脖子到脊背这不是一条儿吗,说明这房子面积太窄小了,很简陋。《项脊轩志》有这样的话:"迨诸父异爨","诸父"就是父亲一辈的,叔叔大爷一辈的;"异爨"就是分家,各自起火了,不吃大锅饭了。一个大宅子,被分割成若干个小院落,所以归有光就说了:"迨诸父异爨,内外多置小门墙,往往而是。"在大宅院里增加了很多小门墙,这儿也是,那儿也是。原来断句就是这么断的。张中老觉得不应该这么断,他在"门"这儿断的,"迨诸父异爨,内外多置小门,墙往往而是"。一家一家安了门,门多了,墙也就"往往而是"了,这是张中老的断法。现在人教社的课本也好,专书也好都是这个讲法。我说,这个讲法也是过于求深。为什么呢?因为没有"墙",你安不上"门",有了"门"就会有"墙",门、墙是一码事,所以"内外多置小门墙"。所以我不同意把"墙"字归下一句。这也是一个例子,就是说注释也有个人的理解问题。

下面谈今译,就是古书今译。今译的问题我表个态:我是根本不赞成古书今译的!我认为古书今译不是说绝对没用,但是没有多少大用处!就如同刘备说马谡的那个话"终无大用",今译的古书是终无大用。为什么这么说呢?就是说,比较浅显的古书用不着今译，比较专门的古书除了专门的学者谁也看不懂，把它译出来也没有多少读者，何况是大书。现在《资治通鉴》有今译，《廿四史》有今译，这么大的一部书，翻译出来，文字要比原书多出几倍，浪费纸张。就是把它用数码收到光盘里，也多费几张光盘吧。还是那句话，如果你是一个专门的学者，专门研究古代的东西的，你不能光看翻译吧，你还得看原书；如果你不是研究古代的，你根本可以不看这个书，你看翻译干什么。何况翻译得又不准，又出错，又有毛病，看了往往引起误导。为这个事情我写过好多篇文章，谈今译很难，而且容易出错，同时也没多少用处，所以我强调，最好不今译！

我也做过一件今译的事儿，也只此一回。1957年反右派刚刚开始，北京市委责成北大把马中锡的《中山狼传》翻成白话，一夜的时间就得翻成，第二天交卷。头一天下午大概是两三点钟，通知到北大中文系。当时的系主任杨晦先生找我说，这事儿就得你办，明天一早交卷，把《中山狼传》翻成白话，发给干部们看，为反右做准备。我接到这个任务又挠头又感到荣幸，起码我不是右派呀。于是乎我就翻译了。那时候真是年轻，一宿的工夫翻译马中锡的《中山狼传》。《中山狼传》是明朝人的著作，但是它是唐人传奇小说体。如果把它翻成白话，我起码也得带点古典的风味。因此我是用宋元话本体来翻译《中山狼传》，翻出来我自己还暗暗得意，跟《三言》、《二拍》的体例风格有点相像。费了一宿的工夫居然如期完成了，翻好以后印成材料，可拿到手一看，满不是那么回事儿。我翻的像宋元话本的那点词儿、那点风格、那点苦心全都不见了，都变成了大白话。哎哟！早知道这么翻呀，我一会儿就弄出来了，不用一宿了！我一宿就是想着怎么用《三言》、《二拍》宋元话本的那种风格来翻译，结果吃力不讨好！

到了80年代，中华书局要今译《古文观止》，找国内各高校的老师学者，每人翻一部分。中华书局跟我的关系比较深了，所以他们也找到我，我当时就拒绝了。原因是什么呢？首先，今译不等于串讲，我是主张做一个详细的注解，不用今译。如果你给我一篇韩愈的文章，或者柳宗元，或者欧阳修的文章，我翻出来只能是我写的白话文，离着韩愈、柳宗元、欧阳修十万八千里，我翻不出人家那个味儿来，都是我这味儿，既看不出韩愈的特点，也看不出柳宗元、欧阳修的特点，翻它干吗？不如做一个详细的注解或者串讲好了，但是串讲不等于今译，所以这个任务我没接。我觉得要想翻译，就得翻出原作者的精神面貌才行。

我上学的时候也翻译过小说，翻译过散文。可是那时候翻译我只是翻译大意，只是把原文的意思用中文写出来。我的翻译稿子署名底下都注明"意译"。我真正翻译的一本书是《巴尔扎克传》，80年代我又重新翻译了一遍，上海译文出版社出的，我就翻译了那么一本书。书的作者是奥地利的茨威格，而我不懂德文，我是从英文转译的，在翻译的时候就尽量揣摩那个文风怎么像茨威格。

我觉得翻译得翻出这样的境界来,否则托尔斯泰是这味儿,巴尔扎克也是这味儿,张三李四都是这一个味儿,这不行!所以我是不主张今译的。甚至于搞翻译,我也有保留意见,要是对西文吃不透,翻不出人家那个风格来、那个精神面貌来,最好别翻,翻译的事情是个很难的事情。

我举一个例子,说明古文不好翻,我经常举这个例子,就是姚鼐的《登泰山记》。《登泰山记》有这么一段:"亭西有岱祠,又有碧霞元君祠。皇帝行宫在碧霞元君祠东。"这里我要说了,如果按顺序,应该说:亭西有岱祠,岱祠西有皇帝行宫,皇帝行宫西面有碧霞元君祠。为什么姚鼐分两笔写:"亭西有岱祠,又有碧霞元君祠。皇帝行宫在碧霞元君祠东。"一个原因是皇帝行宫和普通的祠庙不是一码事,类别不一样。另一个原因是位置关系,他为什么说皇帝行宫在那个祠的东边?照我的体会,原文好就好在这儿了,给你一个感受:皇帝行宫离碧霞元君祠近,离岱祠远。所以他这么说:"亭西有岱祠,又有碧霞元君祠。皇帝行宫在碧霞元君祠东!"这俩靠得近。不是任何一个翻成白话儿的人能把这境界翻出来的,这是我的体会。我到现在没上过泰山,不知道到底这个祠方位怎么样,离得远近我也不知道,不过我从文章中,体会出这个意思。

还有好多的古书、古文往往意思是一样,但是用的字不一样。柳宗元的《游黄溪记》头几句是:"北之晋,西适豳,东极吴,南至楚越之交,其间名山水而州者以百数,永最善。"这里他用了四个字

"之""适""极""至",都当"到"讲。"之""适""极""至"这四个字,若是翻成白话,得用什么样的字把这四个字代替了?所以我说这个不好翻。

关于今译的问题只能谈一个我不赞成的意见,我认为是个很难办的事!但是对于那些致力于今译而译成了书的同志们,我还是表示敬佩!自己不做老是挑别人的错是不对的,因为这古书确实是太难翻译了!

这里我再举一个例子。东汉范滂受了党锢之祸,要被砍头了,当时宦官当权的人把他从家里抓走,临走的时候,他家里人送别,生离死别呀!那时范滂才三十三岁,他孩子还小。《后汉书·范滂传》的结尾说:"行路闻之,莫不流涕。"他嘱咐儿子的话,让路人、旁观的人听了以后都哭了。可见这几句话是很有分量的,什么样的话呢?大家试试翻出来,看翻得好翻不好?"吾欲使汝为恶,则恶不可为。使汝为善,则我不为恶。"意思说:我这一辈子没做坏事,我落了一个砍头的结果。所以他说"吾欲使汝为恶",我要教你做坏事啊,"则恶不可为",坏事是不能做的!但是我要教你做好事的呢?那是应该的了,"则我不为恶",我这一辈子没做坏事呀,我落了一个什么样的结果呢?然后"行路闻之,莫不流涕"!他说了这么几句话,就招得旁观的人都哭了。我看了一下翻译的《后汉书》,还有《资治通鉴》的译文,根本就没把范滂的原意、作者的原意翻出来,就是把原文搬过来了,那叫什么翻译呀,等于没翻。范滂说的这几句话分量够重的吧！"吾欲使汝为恶,则恶不可为。使汝为善,则我不为恶。"他省略了多少句话呀！千言万语呀！《后汉书》里就用这么几句话概括出来了,你怎么翻译？翻译出这个神气来吗？翻译出这个味道来吗？翻译出这里的沉痛内容吗？再说句闲话,把古汉语变成现代汉语,叫作"翻译",也觉得不太对劲,都是中国话,怎么就叫"翻译"呢？

最后我用几句话结束今天的讲课。我们每天都把爱国主义挂在嘴边,一张嘴就是我们有几千年的传统文化,我们的爱国主义往往只停留在嘴边上,而在实践中,比如说文化滑坡现象,要是上纲上线的话,不也是不爱国的表现吗？希望传统文化几千年优良的文化传统,不要断送在我们这一代人手里,希望大家要有忧患意识。我讲的这些,错了希望大家谅解、批评。如果对的话,咱们每个同志也身体力行地考虑考虑,起码咱们力争不写错别字,好不好。咱们不要将不认得的字乱读音好不好。文化滑坡的现象,到现在只重不轻,因此我在这儿唇焦舌燥呀！算我是老顽固,谢谢大家！

整理:钱钢、韩嘉祥

京剧的前途与命运[①]

今天我到人民大学来讲一次课,很荣幸。这是我第三次到人大来讲课,第一次是在五十年代末六十年代初,我到人大讲了半个学期的工具书使用法;后来到八十年代初,人大组织了一个培训班,把全国各地的出版社、编辑部以及搞专业出版编辑的人,用一个暑假的时间来培训,我也来讲过一次,内容还是工具书。今天是第三次,实际上是讲京戏,内容还是工具书,因为我只会讲常识,没有什么学术内容。

我已经退休多年,我是1922年生人,比我们的老院长冯先生(指冯其庸先生)还大一岁,到这儿来,我是又惶恐,又荣幸,因为我已经多年不正式讲课了,所以讲的内容不一定合时宜。我们现在有一个词叫"时尚",我平时在家里就不够时尚,讲课的时候就更不时尚,讲的内容就越发的不时尚。今天我要讲的题目是《京剧的前途和命运》,这个题目一传去之后,就被很多人认为,这个吴小如怎么又跑到人大去发表言论,怎么说呢?因为我这个人被西方的汉

[①] 根据2007年吴小如先生在中国人民大学的讲座录音整理。

学家给我一顶桂冠——"文化保守主义者"。我说我不但保守而且很顽固,以一个顽固的教书匠来到了现在这个时尚潮流风起云涌的时代,来讲课,可以说是"逆潮流而动"。

我今天来并不是发牢骚,如果大家认为我是发牢骚的话,我希望大家用一个时尚的词来代替这个发牢骚,叫作"忧患意识",说起来要好听一点。如果要说牢骚的话,不是我自己的牢骚,而是为了祖国的传统文化和艺术,做一点微不足道的呼吁。

我要讲的问题,简单概括为三个方面:第一,要谈及一些中国戏曲发展史。因为不从源头,不从发展过程来看,无法判断今后中国京剧的前途和命运,所以,多少还要讲点戏曲发展演变的过程。第二,昆曲、京剧有什么特点?我们整个中国戏曲的特点到底是什么?前两个问题明白之后,也就是第三个问题,就是京剧的命运,甚至于中国戏曲的危机到底何在?为什么说前途有危机?这一点实际上跟前两点密切关联。

第一个问题,主要是讲中国戏曲的简单发展过程。可是今天时间太短,不能一次把整个戏曲史讲完。所以,这里我老王卖瓜,自卖自夸,介绍一篇我很早以前写的东西,最后一次是收在《吴小如戏曲随笔集》的附录里,就是一个简单的戏曲史,题目叫《中国戏曲发展讲话》,有兴趣的同志可以看看。我只讲两个自己的主要观点:

我个人有个观点,中国戏曲发展史,现在我们讲课也好,写书也好,总要跟西方的一些文学艺术发展过程进行对比,就是这个戏曲戏剧这一块,好像比不上人家,人家从古希腊时代就有悲剧,也有一部分是喜剧,而且那个时候就开始有了戏剧理论,而我们中国所谓的戏剧或者戏曲,恐怕得到南宋的时候(在北方就是金元时代)才出现。因此我们在讲文学史的时候,总说我们中国的戏曲的出现是比较晚的,跟西方相比,人家几千年前就有戏剧了,我们到南宋才有。我认为,文化也好,艺术也好,发展的轨道是不一样。到现在为止,西方戏剧还是单项的、独立的,不是综合的艺术。舞剧演员不张嘴,配音乐名曲,《天鹅湖》配柴可夫斯基名曲,那是乐队奏而不是演员唱,现在有的舞剧也有唱,但那是唱歌的在台下唱,台上的演员不张嘴;歌剧没有念白。马戏团跟剧团不一样,要表演杂技,狮子老虎上台,插科打诨,它是杂技,它没有和戏剧联系在一起。话剧是光说不唱的,到目前为止,西方的舞剧、歌剧、话剧、杂技甚至哑剧,都是单项独立的,不是综合的,而我们中国的戏,成熟了,正式表演了,一出来就是综合的,虽然比人家晚了几千年。但如果我们要找材料,《左传》里就有演戏的材料,但那个材料我估计是光练不说,光是动作表演,也不是一个完整的东西。我再举个例子,《诗经》中,所谓风雅颂的"颂"字,根据文字学家包括王国维和后来的人考证,颂字那半边不是大公无私的"公",实际上是容貌的"容"。容是什么? 就是跳舞的姿势,舞姿。周公颂里保留了一些诗,既不押韵,也不好懂,可是经过专家考证,那就是武王伐纡统一中国的情况下,歌颂武王政权稳固,跳舞时所唱的歌词。而现在经过考证,歌是歌,乐是乐,没有混合在一起,但是不能说没有这个因素。我讲戏曲史,首先要讲中国的戏曲为什么叫戏曲而不叫戏剧?因为中国的戏曲以唱为主。现在我们区别地方戏靠什么?靠唱腔不一样。京戏是一个,比如河南的豫剧(过去叫河南梆子)是另一个,山东莱芜也有梆子,也有吕剧,就是唱腔不一样,昆曲和京剧的区别,主要也在唱腔上。所以中国的戏我们叫戏曲而不叫戏剧。至于剧当什么讲呢?"剧"本来就是开玩笑的意思,是一种笑话,戏也有开玩笑的意思,戏本身就有滑稽、诙谐、幽默的意思,专门的词叫插科打诨。所以第一个因素是歌舞音乐,第二个因素是插科打诨。这个要是追溯源头的话可以追溯到先秦,而且那个插科打诨化装,具体的在《史记·滑稽列传》里面提到的楚庄王与优孟的对话。因为优孟是一个演员,"优"过去就是演员,古汉语里说唱戏的、表演的就是"优"。另外还有一个字,现在不好听,叫"倡"。"娼"现在变成是妓女。这个字也不是女字旁,就写一个人字旁,叫"倡优"。那个字也不念 chàng,就变成"提倡"的"倡",那是后来的。能唱的叫"倡",能表演的叫"优",所以叫"倡优"。而那个"优"呢,在《史记·滑稽列传》里边提到楚庄王当时有一个宰相叫孙叔敖,他是一个清官,当了一辈子宰相,死了以后儿子卖柴,当了农民工进城了。孙叔敖的儿子有一次碰见优孟,优孟和孙叔敖是朋友,看见他说:你不是孙叔敖的儿子吗?你怎么这样?他说:父亲死了家里没有钱,我只好卖柴火。优孟说你甭管了,我替你想办法。他不是会演戏么,可以表演嘛,他就跟楚庄王表演,据考证,与《滑稽列传》里边讲法也不完全一样。据说跟优孟对话的楚庄王也是个演员,他不是真正的楚庄王,真正的楚庄王坐在台底下看戏。台上的优孟化妆了,化出来是什么样呢?是孙叔敖的样儿,结果国王就说你不是孙叔敖么,你赶快来给我做宰相吧,我正需要你做宰相。他说我不干,活着的时候清廉,给老百姓办事不要钱,死了以后儿子没饭吃,我不干。这样一来台底下坐的楚庄王明白了,赶快就给抚恤金,就把孙叔敖的儿子找来,别让他再卖柴火了,农民工转了正式户口。第三个因素是什么呢?就是武打、杂技。这个到汉代就已经有记载了。总的名字叫"百戏"或者"角抵戏",就是汉代的时候在表演里面已经掺杂了武打,折跟头啦,打架啦,或者是有一些高难度的动作,这些属于武打、杂技方面的东西。中国的戏剧,主要是有这三个本来孤立的、独立的内容或者因素,单独存在,有的是诙谐滑稽,有的是歌舞音乐,有的是属于武打杂技,最早并没有捏合到一块儿,后来发展到了隋唐,特别是唐朝的时候,都市逐渐繁荣壮大,好多农民往城市里移。所以,任二北先生就写了一部书,厚厚的两本,叫《唐戏弄》,他把中国的戏推到唐朝,实际上仔细看看任二北先生的书里引用的材料,还是比较孤立的,为什么呢?我们说,形成一种叫作"戏"的东西,或者戏剧也好,戏曲也好,它离不开两个主要的骨干,一个是得有人物形象,一个是得有故事情节。在唐以前,我们戏曲史上提到的,汉代有东海黄公,就是打老虎,让老虎吃了。到了唐朝有什么踏谣娘,实际上它们的情节太简单了,人物不是没有,人物的塑造也太简单了,而且里面掺杂着有滑稽、可笑的,即使是有歌舞也是非常简单的。我们北大历史系有一个教授张广达先生,现在在法国,他有一次跟我有点抬杠。他说在西藏发现了藏戏,就是最早从吐鲁番的文献里发现有藏戏的剧本。我说你能证明那个时候从吐鲁番的文献发现的那个戏,它是能说又能唱又能表演又能武打,它是个综合的东西吗?还是个单独的东西?最后他说还是赞成我的,那个还是不算是成熟的戏剧。我认为,中国的戏,包括京剧,跟什么是孪生的兄弟或者孪生的姐妹呢?是跟讲唱、说唱分不开的。那么中国的说唱的东西,据考古发现,不是汉朝就出现了说书俑了吗?那个人不是腆着个大肚子在那儿像弥勒佛似的,直笑,在那儿说。不用看文物,就说古诗,汉代的古诗,不在《古诗十九首》里,在《古诗十九首》以外还有若干古诗,就有说书的痕迹。比如我举一首,"四座且莫喧,听我歌一言"。你们在座的先别嚷嚷别说话,听我在这儿给你们唱一段。他说的这是什么?是一个香炉,一个鼎。这就是说书的词,有人考证,中国的长诗《孔雀东南飞》就是《古诗为焦仲卿妻作》就是一个说唱的材料,有故事有情节。但是请注意,它不是表演的,它是唱出来的,说唱出来的。这样的记载在敦煌的所谓"变文俗讲"。"变文俗讲"是又说又唱,唱的是押韵合辙,说的就是普通的散文。那么连说带唱还不算,为了让观众了解这个故事的内容,还干什么呢?还画上画,有图。这个图还不止一张,最简单的是一张,但是有的时候不止一张。这些材料请看陈汝衡的《说书史话》、孙楷第先生的《傀儡戏考原》,里面说的比我清楚。后来新中国成立以后有人批评孙楷第先生,说你说得不对,只有人先表演,才能有傀儡表演,才能有皮影表演。你现在把傀儡戏跟皮影戏挪到了正式的戏剧以前,是反其道而行。我说不对,孙先生说得对。为什么呢?那个时候的傀儡戏也好,皮影戏也好,木头的也好,里头灌了水打了气的傀儡也好,它能说话吗?皮影它能说话吗?它不能说话,它旁边有说书的人在那儿讲这个故事情节,这儿傀儡在这儿比划,那个皮影在那儿动,而旁边有那时候叫说话人,"话"就是故事,说话人在旁边说这是什么故事,而那个要皮影的人就在旁边,动作表演是用傀儡或者驴皮做的东西,给观众一个直觉的看到的东西。旁边有解释,说书。我说这话有没有根据呢?有。宋代,北宋也有,南宋也有,有这样的话:"傀儡戏、皮影戏皆有话本",他不说皆有剧本,说皆有话本。话本是什么呢?是说书的人、说话的人那个底本。他那儿有一个故事情节,在那儿照着那个讲。而表演的是傀儡。这就比光看图画要给观众直观的感受要强。图画是一个静止的,傀儡也好,皮影也好,它是活动的,跟着情节还有变化。这样观众接受起来就觉得比那个更直接。这还不够,还得往前发展,发展到什么?不用傀儡了,也不用皮影了,当然更不用画图了,画图得画多少张啊!我在敦煌的石窟里看到的关于《西游记》的连环画,一张一张挨着,就是唐僧西天取经的故事,一张一张的,连续的,不全了,好像我们看小人书的连环画。说明了在说书的人说故事的时候他辅佐着有用傀儡、皮影各种手段给你增加感性的认识。等到了这个再不能满足的时候,比如说到了金代,就出现了诸宫调。诸宫调是说唱资料,但是它已经说的是整本大套的故事。我们现在能看到的有刘知远诸宫调,最完整的就是董解元的《西厢》。"董西厢"实际上是一个说唱的话本,跟王实甫的《西厢记》还是不一样的。王实甫的《西厢记》是能上演的,董解元的这个诸宫调的《西厢记》只是一个说唱的,可是这个就非常接近了。记得20世纪80年代初,我给留学生讲戏曲课。一方面让他们听录音,一方面领他们去看戏。那个时候,我曾经向我们北大一个老教授阴法鲁先生借来他在故宫拍的照片。照片很有意思,台中间有块地毯,地毯上一男一女还有俩小孩儿,在台中间,是演员。旁边站着一个男的一个女的是说书的。这张照片说明什么呢?台中间的是表演的,站旁边那两位就好像我们现在现场直播戏曲的时候那个解说员似的。什么时候中国的"戏"形成了呢?就是当观众觉得还不过瘾的时候,表演者跟解说者合二为一的时候,换句话说不要介绍说明的那个人了,那个人也变成演员,由演员嘴里自己说了,这个时候中国的戏剧就正式形成了。有人认为你这么说时间推得太迟,我说不迟,现在还留下一个南宋时候的剧本,就是《永乐大典戏文三种》中的第一种《张协状元》。开场的时候，不是正式的戏，是一个人在那儿说书，唱的是诸宫调，底下转入张协出来了，还有女主角贫女，张协是负心的，那个贫女想办法让张协进京赶考，中了状元，最后这张协把这贫女给甩了，不但甩了还想害她，可惜她没死，就跟《金玉奴》那个故事有点儿类似，叫《张协状元》。我们就看它一开场就是先唱诸宫调，然后转入正式的戏。到了明代很多剧本、传奇，就是长篇的剧本，不是元朝的一本四折的那种短剧，它比较长，一共几十出的那种，头一场叫副末开场，那个副末是个剧外人，不是剧中的角色，而是剧外的，唱一段，介绍今天要演出的节目的内容。唱完了以后，下去，戏正式开始，按着情节的发展往下演。我再举一个最具体的例子，来说明现在的京戏，也还保留着这种说唱的痕迹。就说最常见的戏吧，《失街亭·空城计·斩马谡》简称"失空斩"，诸葛亮第一场出来升帐，出来往台中间一站，叫作"自报家门"。还没有报家门他先唱一个引子，引子什么词儿呢？"羽扇纶巾"，这句说的是诸葛亮的打扮，穿的衣着，羽扇纶巾，纶巾是名士戴的帽子，手里拿着鹅毛扇。然后是"四轮车快似风云"，这一句是说诸葛亮的行动。"阴阳反掌定乾坤"，这是说诸葛亮的本事。最后一句"保汉家两代贤臣"，为这个"两代贤臣"，据说从谭鑫培开始就打过官司，说你这个诸葛亮，没有自己称自己是贤臣的。结果呢，据说谭鑫培受到批评以后改成了"保汉家两代贤君"，可是这"君"字又不好念不好唱。武汉有一个曾经当过文化局领导的同志,写过一篇文章,就讨论《失街亭》诸葛亮这几个字,他后来鼓励我写文章,我没写,他就把我的原信引在他文章后头,我说这不是诸葛亮自己说的,这是说书的人评价诸葛亮的话。他头一句说他的打扮,羽扇纶巾,第二句说他的行装,四轮车快似风云,第三句说他阴阳反掌定乾坤,最后"保汉家两代贤臣"是说书的人夸诸葛亮说他是两代贤臣,还没完呢,诸葛亮跟着念完了这个引子就归大帐坐在中间。现在咱们想想看,要是演话剧你来这套行不行?他说书的人必然有这个,还有四句叫定场诗,他念四句,还是歌颂诸葛亮。四句定场诗,台词是这样:"忆昔当年在卧龙,万里乾坤掌握中。扫荡狼烟归汉统,人曰男儿大英雄。老夫,复姓诸葛名亮字孔明,汉室为臣,官拜武乡侯。"我说这诸葛亮出来,又没有警察跟那儿查户口,你这是干吗呀?你说又是姓什么叫什么。这不算是奇怪,要看元人杂剧还复杂了,元人杂剧出来一个老头儿,他要介绍整个儿的家庭,老汉是谁,我的老伴儿是谁,我有几个儿子,大儿子是谁,二儿子是谁,那真成了查户口的了。为什么要这样?这还是说书人留下来的痕迹,就是解说的人和表演的人统一了,怕观众不理解,于是由说书人口里的话改为由表演者替他说了。可是他们忘了这表演者本人,我是张飞,我是诸葛亮,他用不着说。好多一出场说俺张飞俺赵云,你用不着说,知道你是赵云。可是不行,过去就得说,因为它是从说书的一套程式演变为表演的,所以保留了这些痕迹。还有一个可以证明咱们中国的戏曲是从画图变为表演。大家大概都看过《三国演义》《水浒传》这一类章回体小说,所谓章回体就是长篇的故事,一次说不完,就跟现在电视台刘兰芳、单田芳他们讲故事似的,讲到一个关节要紧地方,你正要往下听,时间已到,要知后事如何,他不说且看下章分解,他说"且听下回分解"。他是在那儿说的,那就应该有观众,书的话,书面是文本,应该叫读者,他不叫读者,他叫看官,是看那个说书的人吗?说书的人有什么好看的。看官者,就是看那个图画的人,他说的时候有那个图画,所以叫看官。最有意思有的时候你从旧小说就看出这种词来,叫"看官听说","看官"还"听说",可见观众是一边看一边听的。而由"看官"逐渐就变成了光看,不用"听说"了,就看表演就行了,这个就是中国戏曲逐渐的发展状态。到现在为止,就拿京戏来说,还有好多剧目里保留着看图讲故事的剧情。比如说《八大锤》(《王佐断臂》),叫《断臂说书》,那王佐拿着一幅画,就告诉陆文龙当初你父亲怎么被金兀术迫害死的。现在我们看《赵氏孤儿》,不是程婴等到孤儿长大了也让他看图吗?还有一出戏叫《举鼎观画》,观那个画,那个画就是画图,一张一张的图画就是故事发展的情节。所以现在好多戏的名字,就拿京戏来说,还带一个"图"字。是戏,是表演,你要这个"图"字干什么呢?它就有这"图",比如说有一出开场戏,很多人现在都不太熟了,周文王去访姜子牙,把姜子牙请出山来辅佐他打天下,叫《渭水河》。《渭水河》有一个别名叫《兴周图》,兴旺这个周朝的图。《盗宗卷》这戏,余叔岩、马连良都能唱,《盗宗卷》叫《兴汉图》。还有一出戏,现在我们看不见了,不大演了,就是《隋唐演义》《说唐全传》里有这一出,伍云召的父亲伍建章骂隋炀帝不应该篡位,实际上这个故事是影射明成祖篡了建文帝的位,那个方孝孺骂明成祖,被害了。那个伍建章最后也被敲牙割舌,最后死掉了,然后伍建章的儿子伍云召带着兵讨伐,跟那个伍子胥的故事有点儿类似。那个故事本来名字叫《骂杨广》,又叫《忠烈图》。还有一个戏叫《斩李广》,《斩李广》又叫《庆阳图》,老是跟这"图"有关系。中国戏曲学院把一出地方戏移植过来叫《汴梁图》,带"图"字儿的多了,干吗要带一个"图"字儿呢?原因就是它是从当初说书的那个看图画的过程演变过来的,所以一直到即使是变成了戏曲,它还有"图"。最明显的一个戏,我们现在叫《赵氏孤儿》,京戏里有折子戏叫《搜孤救孤》,最早的传奇叫《八义记》,有八个为赵家卖命的人,就是《八义记》。京戏最早演出的时候它叫《八义图》。可见我们中国的戏曲跟这个"图"有关系,是由图变成了傀儡皮影,又由傀儡皮影变成了真人,由真人表演者和说明者合二为一,变成了中国的戏曲。我讲得很简单,这就是京剧、昆曲从古发展到今天的大致的过程。我坚持我这个观点,第一,中国的戏,是由三个方面的内容综合而成的:歌舞音乐、滑稽诙谐(插科打诨)、武打杂耍;第二个,讲唱文学发展到了非常成熟的地步,既有人物形象又有故事情节,才能过渡到表演艺术。可是我这个观点,曾经遭到像周贻白先生的反对。中国的戏曲虽然在南宋或者是金元时代才成熟，好像是晚于西方的，但是它形成了就是一个综合艺术。所以，我到现在也反对京戏用这样的英语来翻译，叫 Peking Opera。Opera 是歌剧，中国的京戏是纯粹歌剧吗？京剧是有念有唱。

　　既然中国的戏曲是由讲唱文学发展转变过来的，它就不需要现在我们离不开的那些东西。我们离不开的是什么呢？就是时尚的东西，简单地说就是声光电化。现在有人说中国的京戏，昆曲也是如此，不合理，胡子都把嘴盖住了，怎么吃饭呢？怎么喝水呀？所以改，改成粘胡子，嘴上面粘两撇小胡子。是，现实里头戴着髯口是张不开嘴，可是有一样，粘着胡子，演员咧着大嘴在那儿唱，美观吗？当初设计的时候就是怕看见演员张嘴对观众起副作用，所以把嘴挡住。我有一个好朋友，也是我的老师，就是在我们业余搞戏曲的里面是一个权威了，刘曾复先生。他有一个观点，说我们中国的京戏、昆曲有一个最大的特点就是因陋就简。这不是贬义词，是节约成本的一种最佳手段。你想，这个舞台的背景什么也没有，或者过去有的叫守旧，和桌围椅披是一个图案，背景是一片空白，一根马鞭子可以走千山万水，在台上转一个圈就是走了千里路万里路，四个龙套代表千军万马，一张桌子既可以发号施令又可以登台拜帅，又可以是家里吃饭的桌子，又可以是办公的桌子，又可以站上去它就是山，横过来它就变成了一个小台，一张桌子两把椅子或者四把椅子，可以变成各种各样的道具。你不信的话，你说这是员外爷的家里,得抬两个沙发一摆,怎么表演呢?过去梅先生就有过这么一次实验,他有一出红楼戏叫《俊袭人》,为了这出戏,梅先生把自己家里的红木家具全都搬到台上,幸亏演员都有办法,能绕开那些红木家具照常表演,可是王元化先生就认为,因为真实的东西摆在台上太多了,演员没有施展表演的余地。这个事我问过姜妙香先生,他是梅先生的主要配角,可是姜先生的解释说不完全是因为那些实物,而且因为这戏很短,唱工很多,梅先生要贴这个戏,唱一出,觉得对不起观众,太短;唱两出,又累点儿,所以这个戏最后挂起来,不唱了。京剧和话剧不是一码事。话剧只有三面墙,没有第四面墙。真要有第四面墙,观众看什么?而我们传统的戏曲就可以超越这个限度,这就是说我们的戏曲有我们的特点,也是我讲的第二个问题了,就是中国的戏曲到底有什么特点。特点就是导演与演员是统一的。过去传统的京戏,甚至于更古老的传奇也好,杂剧也好,从戏曲史的记载,没看见说有导演这么一说。演员本身就是导演。有没有导演?有,有导演,什么是导演呢?他在后台,有名儿,叫提调,总提调,特别是武戏,武戏就是说开打,千变万化,得有一个特别懂得戏的,懂得开打程式的那么一个老演员在那儿指挥安排,这场上几个人,怎么分配,那场怎么打。换句话说,他是导演,但是他是演员。导演本身必须是演员,不是演员他导不出来这出戏。梅先生唱戏、谭鑫培唱戏、余叔岩唱戏、马连良唱戏,谁给他当导演?你不信,有一个导演给他一导,他准跟木头一样。他得听导演的,那不是就反而被动了吗?不行,现在我们这个制度,就是得有导演,我就看见过一次评戏,《杜十娘》,本来杜十娘最后不是跳江死了吗?有一场戏,是导演安排的,得让杜十娘有思想斗争,有一些内心的刻画,于是杜十娘在台上表演,表演出来就看不懂了,杜十娘这手攥着拳头,那手也攥着拳头,然后就拿这个拳头在脖子这绕。我看了半天也不知道什么意思。你知道这导演是谁吗?就是我的弟弟。1953年天津第一次戏曲汇演的时候,他给一个评剧的老演员当导演。最后我就当面批评他,我问这是什么意思?他说拿一个匕首想自杀,我说只有你知道她拿着匕首,除了你以外,观众谁也不知道,趁早改掉。后来正式上演的时候改掉了,总算可以。后来他的想法也和以前不一样,可是他最早还是受点儿话剧的影响。我只能说我弟弟,别人我不敢说。有一年,中国戏曲学院办了一个导演培训班,请我给进修导演艺术的学员讲一次课,我谢绝了没去。因为我一直认为,在京戏里,导演是可用可不用,所以我没去。后来在一个朋友家里就碰到了进修班里的一个导演,他是谁呢?就是著名的昆曲表演艺术家周传瑛先生的儿子。他说遗憾啊,我们想请吴老师给我们讲一课您也没来,今天幸会,我是周传瑛的儿子,演戏不成,归了导演。我说你不错,还是演员出身,可以当导演,我说你要让我去讲我也没的可讲,我就想问一句话,导演你会唱戏不会?你说你会唱,凑合你当,你要说你不会唱戏,改行。你不会唱戏你来导,导什么演?所以,我的意思是演员就是导演。如果一个有修养、有艺术成就的演员,去听一个导演的支配,而那个导演是一个不懂戏的人,效果如何可想而知。所以我说,今天我们要谈中国的京戏、昆曲这一类传统的东西,表演必须要因陋就简,演员跟导演应该统一。即使是武戏的提调,他本身也起码有几十套上百套的武打程式在他脑子里,可以千变万化在那儿安排。过去像富连成,像中华戏校,它那个后台就有那么一位,可以说是专家,排一个新戏,就让这个武打的套子变样,那是他的经验积累出来的,不是瞎编的。这里就牵扯到一个理论问题,什么叫移步而不换形?你不能用非中国传统艺术的手段来改造传统艺术的表演程式。你要这么改造的话,那不仅是移步而已,而且你换了形了,换形了就不是中国的戏。为什么我们中国的戏可以移植?比如说京戏好多戏都是从徽剧、汉剧、梆子各种剧中移植过来的。昆曲也有,原来唱昆曲,现在也可以唱京戏。就因为它总的原则、总的倾向是一致的。元曲也好,南戏也好,昆曲也好,京剧也好,甚至于到现在各个地方的地方戏也好,它有一条总的核心的原则,就是有自身的发展规律,要把这个发展规律给它破坏了,就是换了形了,所以梅先生提出来可以移步,但是别换形。而我们现在,有的戏像歌剧可是唱的是京戏的腔儿。场面很大,人海战术。先不说艺术怎么样,至少成本太高。现在剧团排出新戏,国家动辄拨款几百万,上千万,好不容易排出来,没人看,没人看送票,送了票以后,头一场,座无虚席,第二场,逐渐减少,看到最后,送票也不看。完了,这个戏得奖了,奖状也拿到手了,服装、行头、布景就进仓库。这样,咱们先不说艺术好不好,浪费够呛。我们都是纳税人,我们的收入都有一部分得交给国家,干什么用?是为了浪费吗?我们现在放着传统的剧本、剧目上千个上百个,没人过问。现在剧团要排一个老戏比排一个新戏还难,因为老戏有老戏的演法,新戏爱怎么演怎么演。这里我还讲一个故事,程砚秋当初最早演一个戏叫《红拂传》,是他个人的本戏,第一次公演就请侯喜瑞演虬髯客,他就从《虬髯客传》那个故事改编的。偏偏侯先生喝酒喝多了,把本子丢了。正式公演要上台了,侯先生就公开招了,那本子我丢了,我还不会,这怎么办?别说背词,本子都没有了。到了后台,这个地方是不是该我说话?结果后台的人就说,您别着急,这儿该您,那儿应该怎么怎么说,简单跟他一说,有的唱的地儿就提醒他,他也不是忘得一干二净,就是大致提醒他。到台上简直就是行云流水,跟照本子念一样,底下观众还喝彩。后来连程先生自己都说,侯先生本子丢了我都出了一身汗,结果在台上没出现问题,而且圆满成功。因为那是第一次嘛,所以演新戏有个好处,你就是本子丢了也可以瞎编。传统戏不行,传统戏有传统的演法,有规范。现在传统戏已经没有规范了,你一个演法我一个演法。今天这出戏,这个人死在上场门,下一次这出戏这人死在下场门。尤其是大赛,各地方选派的演员演同一个剧目,这个剧团排的是这样演法,那个剧团排的是那样演法,同一个戏,结果这俩演员演出来不一样，观众不干了，电话也打进来了，信也写进来了。说同一个舞台同一出戏，为什么两个演员不是同一个演法，到底哪个是标准哪个是不标准？主持人也没话说，评委也没话说。除了导演，还有一条就是编剧肚子里得有货。编剧你看过多少剧本？换句话说你看过多少戏？你说我连戏都没看过我就要编剧，我连剧本都没看过我就要编剧，那你编出来那剧是剧吗？我说，编剧至少要看两部书：《六十种曲》和臧晋叔编的《元曲选》。《元曲选》是一百出戏，《六十种曲》就是六十种。清代有一个折子戏的丛书叫《缀白裘》，这个我们凡是念过文学史课的讲过戏曲史都应该知道这部书。《缀白裘》就是把许多传奇、杂剧，甚至于乱弹，就是花部戏里头那些零星小戏、折子戏，编成集子。我认为编剧应该胸中有戏，导演应该会演戏。今天的中国的戏，包括京戏，应该往什么地方去发展，演员应该起主导作用。

谈到这里我们可以转入第三个问题了，就是京戏的前途究竟是怎样？命运如何？

现在报纸上有一个很流行的词，叫非物质文化艺术遗产。非物质，咱们先别说这非物质，就说这物质的吧。物质的，先说实打实有这东西的，假定这张桌子，如果是宋朝的就是宋朝的，如果是明朝的就是明朝的，如果就是现在21世纪的就是21世纪的。我们现在是什么？是拆毁、消灭了旧的物质文化遗产，没办法了，再建造一批假的古董文化遗产。北京的城墙，算不算文化遗产？算文化遗产，拆，整个儿拆。你说我们现在再想修回那个城墙来，办不到，没辙，弄一个永定门，假的。整天在那儿打假打假，永定门那楼都是假的，真的早拆了。请问，我们的京戏，包括地方剧中，传统的、历经考验的，包括演员、观众，历经考验的剧目，失传了不会唱了，没办法，编新的吧，那不跟那个制造假古玩、假名胜一样吗？真的拆了，造假的。还是那句话，咱们市场经济不是讲成本吗？这成本多高啊？而且这个假永定门楼跟那真永定门楼不是一回事。因为那个有历史，这个是去年刚盖的。还不光是北京的永定门，还有南昌的滕王阁、武汉的黄鹤楼，都是后盖的。杭州的雷峰塔，上面还有电灯，古代的雷峰塔上面绝对不会有电灯。我就问那新的雷峰塔能代替旧的雷峰塔吗？新的滕王阁能代替旧的滕王阁吗？换句话说，我们更主要的应该培养出不说是超过，至少是差不多的，再培养出一批四大名旦，像杨小楼、余叔岩这样的好演员、艺术家，能培养出来吗？我觉得培养不出来，因为他们没见过，他们看过最顶尖的那个是当年被认为第三流的演员，在他们眼里已经这样了，当初要是按着评分算，是勉强不被开除也是及格毕业，可是现在变成了硕果仅存的了，你说这怎么办？不是说我们现在这老演员就一个也没有，年纪越来越大了，一个一个接着都到了彼岸去了。我这不是发牢骚，我这是忧为什么要拆城墙？因为它妨碍了现代化。为什么要编新戏？为了要配合现代化。我告诉你，真正的现代化是什么？就是让我们现代的中青年人能够看到古典的东西。请问从西方引进的,我们也每年都欧洲的、美国的交响乐团、芭蕾舞团来演,当然也有新的,但是他们更注意的还不是《天鹅湖》,还不是《堂吉诃德》,还不是那些个老的剧本?不错,在西方,莎士比亚也有倒霉的时候,但是真正能欣赏莎士比亚的人,绝对不仅是像我们这样的老头,年轻人同样可以欣赏。我的理解现代化是什么?现代化就是说让我们现代的人能够比较有条件、有舒适的环境能够看到真正古老的、传统的、好的艺术。而不是说把旧的全都不要了,另起炉灶来搞一套,那叫赶时髦,终于这东西是站不住的。但是我有忧患意识,老百姓的钱挣得不容易,到现在,我们的总理还亲自替农民工催讨工资。几百万几千万,弄一个戏,不伦不类,挂起来,这是真正的前途吗?这是真正的好的命运吗?恐怕不是。不仅是戏曲,最近话剧的问题也提出来了,但是你要知道话剧比起中国古老的戏曲来寿命还短得多,尚且有危机,何况我们传统的文化艺术?我今天来,是呼吁在座的各位,真要是有志振兴我们祖国的传统的文化艺术,首先应该明确一点,我们的基本理念应该往哪个导向发展?不要随波逐流,不要没有自己的独立思考。

录音提供:陈怡,整理:李若彬、张一帆、赵娜

从元明爱情题材戏曲看《长生殿》在清初文学中的地位和影响[①]

这个题目很长,实际上这个题目还少俩字,应该是《从元明的爱情婚姻题材戏曲看〈长生殿〉在清初文学中的地位和影响》,后来这婚姻问题也可以包括在爱情问题里,就省去了俩字。

古今中外的作品,谈到爱情婚姻问题的,而且是好作品,还是不少的,不仅我们古典文学、现当代文学如此,就连西洋文学,从古典到现当代,也是离不开。因为我们人啊,天生就分两种人,一种是男人,一种是女人。男人与女人之间的交往,除了一般的友谊以外,就难免涉及感情问题。实际上这是一个很普通很普通的现象,可是有那么一段时间,人就不能提。既然不能提,就很神秘了。那么现在呢,又变成另外一种情况,就是不相干的一个题材,里头也得掺那么一点爱情佐料,就是把这爱情又变成佐料了,掺到里头去了。完全可以不涉及爱情的故事,也掺进去一点爱情,好像不如此就不时髦,这又是一个极端。这样的情况,我们说也不太合适。就

[①] 整理自吴小如先生 1984 年的讲座录音。

事论事、实事求是地来看，爱情题材是题材，主题是各种各样的，反映的现实面、社会面也是多种多样的，不能单从这个故事里有没有爱情的描写从而判定这个故事就是爱情题材，题材属于爱情也并不等于说这个主题就是爱情的主题。甚至于我们现在一来就把这祖师爷搬出来了，不是孔子就是孟子，实际上在他们的书里边，对于社交也好，对于男女的爱情婚姻问题也好，也从不回避。孔子说得还更露骨了，还更彻底了，他说"吾未见好德如好色者也"，说我从来没有看见一个爱道德如爱美色的人，他说得很彻底。孟子就说，"饮食男女，人之大欲存焉"，人活在这个社会上，除了吃饭睡觉这个事情不能避免以外，再有就是男人和女人有交往，这个社会发展，它总是有爱情婚姻问题在里头。恩格斯的经典著作《家庭、私有制和国家的起源》，可以说是研究社会问题研究得最透彻的一本书，它实际上也涉及一个爱情的问题。所以，这个问题是一个很普遍的问题。因此，反映在诗歌里边，中国的古典诗歌，从《诗经》说起吧，民歌很多都是情歌，汉代的乐府诗里爱情的诗歌也不少，就连杜甫，这个人已经是比较正经的了，他写爱情的诗可以说是少之又少了，但是也还有一首名作："今夜鄜州月，闺中只独看。遥怜小儿女，未解忆长安。"安禄山把杜甫围困在长安，在危难之中，他想家，思念他的妻子。这有什么了不起的？所以这个问题不是一个值得大惊小怪的问题。当然，反映在小说戏曲里，也就更平常。所以我就说，要谈《长生殿》，《长生殿》里就涉及爱情问题，那势必要

从元明爱情题材戏曲看《长生殿》在清初文学中的地位和影响

回顾一下，从我们中国有了古典的戏曲以来，对于爱情问题是怎么处理的？好的作品是怎么反映爱情问题的？不好的作品是怎样对于爱情题材加以歪曲的？加以不正确的、不现实的描写的？这些都值得我们研究研究，值得琢磨琢磨。我们就从元明的爱情题材的戏曲来讲起。

中国最早的戏曲莫过于宋元南戏，宋元南戏可能比北方的金院本、元杂剧还略早那么一点儿，至少也是同时的。就是说在南宋期间，南戏在南方比较发达，而北方到了元朝，关汉卿、王实甫成名以后，杂剧也开始兴盛。自中国戏曲形成，许多剧本就反映了爱情婚姻问题。

宋元南戏现在有些剧本我们已经找不到了，只知道情节，而且有的情节也知道得比较片段，这里可以简单介绍一下。比如说，《琵琶记》的前身，就是赵贞女蔡二郎的故事，《赵贞女蔡二郎》，这是比较早的一个宋元南戏。《王魁负桂英》，就是后来的《活捉王魁》，这又是一个爱情故事。《永乐大典戏文三种》现在还保存着一个比较古老的、很可能是元代的南戏《张协状元》，这是最早的南戏，也涉及爱情婚姻问题。后来的"荆刘拜杀"，除了《杀狗记》是谈兄弟关系的，谈家庭伦理关系的，这个离着爱情稍微远一点，《荆》《刘》《拜》这三个戏里都涉及爱情婚姻问题。当然了，你说《白兔记》爱情婚姻问题少一点，也还是有，开始刘知远跟李三娘的关系实际上也是自由恋爱，后来刘知远发迹变泰以后，做了高官，又另娶了。做了高官而另娶,这在南戏里是常见的一种描写。就拿"荆刘拜杀"这四大传奇来说,有爱情婚姻问题的,占四分之三,可见爱情题材是相当普遍的。拿宋元南戏里的这几个我们知道的剧本来说吧,大概总的一个主题就是反映当时社会有一些读书人,"富易交,贵易妻"。富就是发财了,当初那穷哥们儿就不认得了。贵呢,身份地位改变了,就要换老婆了。这并不新鲜,"贵易妻"这个事,一直到现在还有,不是个新鲜事。"富易交,贵易妻",这样一个主题,或者是谴责揭露,比如说《活捉王魁》(就是《王魁负桂英》),比如说赵贞女蔡二郎的故事,那就是谴责揭露这个"贵易妻"这样的一个惨痛的血淋淋的事实。从《赵贞女蔡二郎》一直发展下来,到后来明代弋阳腔的《珍珠记》,再到后来秦香莲的故事。最早那里面还没有包公的事,就拿秦香莲的故事来说,渊源也是很古老的,那就是"贵易妻"。作者的态度,对于"贵易妻"这一点是批判的,可以说是有进步意义的。《赵贞女蔡二郎》的剧本没有了,但是根据后来我们看到的材料,就是说赵贞女去找蔡二郎,最后被马给踩死了。蔡二郎呢,也没有法处置他,他又是大官,最后就是让天打雷劈了,变成了上帝谴责他。王魁负桂英的故事,就是《活捉王魁》,把那个敫桂英活活逼死了,最后那鬼把那个负心的男子给活捉了去了。这都是说在现实社会,对于这种忘恩负义,一发了财、一做了官就忘本的这种男子,没有办法制裁他,而采取一种上天来谴责他的这么一种写法,表达了作者对于这样的人的一种憎恨、一种愤怒。这是一种类型的。反过来的呢？有的作者歌颂了那个贵而不易妻的读书人，比如说《荆钗记》。《荆钗记》的王十朋也中了状元也做了大官，但是他拒绝了宰相招他做女婿，尽管中间有小人挑拨离间，但是他始终是忠于他的妻子钱玉莲，这是王十朋跟钱玉莲的故事，最后还是团圆了。这就是说正面歌颂那个不易妻的读书人，而从反面来谴责揭露那些个贵易妻的、忘恩负义的读书人。《幽闺记》(《拜月亭》)这是从关汉卿就开始写的戏了，到底是元曲在前还是南戏在前呢？现在也很难考证了，我们今天且不去考据。不过这个故事说明一个问题，就是王瑞兰的父母，母亲还好一点，父亲因为是大官，他就反对王瑞兰跟蒋世隆的婚姻。蒋世隆是个普通读书人，王瑞兰是个大家小姐，结果两个人走在中途，逃难，因为共患难，产生了爱情，最后呢，两个人当然还是团圆了，可是中间受到了家庭的干扰，几乎两个人要被拆散。但是在《幽闺记》这个剧本里，也还是歌颂了男女双方对于爱情婚姻的坚贞、专一。所以从传到今天的南戏来看，爱情婚姻题材不外乎是"富易交、贵易妻"，对于这样一个方面的谴责，或者是对于爱情忠贞、专一的人的歌颂，也有和稀泥的，比如说《张协状元》就是一个，就是说把矛盾给调和了。《张协状元》的故事大家大概也很熟悉了，就是说张协最早的时候，几乎就是要了饭了，这个故事有点儿跟后来的那个《金玉奴》很相似，张协原来那个妻子是个贫女，两个人也是共患难，在最困难的时候共同生活了，变成夫妻了。后来张协中了状元，就把那个贫女抛弃了，不但抛弃，而且下毒手，要把那贫女害死，幸亏那贫女被一个大官给救了，认为义女，最后张协又重新娶老婆，恰好娶的就是大官的干女儿，还是他原来的那个妻子。这个故事跟《金玉奴》的那个故事差不多了。金玉奴的故事，照着原本也是团圆，就是莫稽挨了一顿揍以后，最后还是团圆了；现在我们觉得它那个思想性不高了，所以打完了以后把他给轰走了，轰走了还是可以的。《张协状元》就是和稀泥，《金玉奴》的原本也是和稀泥，就是说它的性质还是"富易交、贵易妻"，揭露了读书人忘恩负义，升官发财以后就忘本，揭露了这样一个血淋淋的社会现实，但是作者处理的手法各有不同。元曲里，元人杂剧里，剧本涉及爱情故事的很多，大概也有这么几种类型：有的带有神话色彩，比如说《柳毅传书》《张生煮海》；也有一些就是属于忘恩负义的这一类的，比如说《潇湘夜雨》，总是有了钱、升了官，就对于前妻，不但是冷淡、想着抛弃，甚至于还要下毒手，等等；有一种看起来好像跟这个关系远一点，实际上本质是一样的，比如说元人杂剧里石君宝的《秋胡戏妻》，这个故事一直到现在，《桑园会》在戏台上还看得见。实际上男子对于女子还是采取一种不平等的态度，因为男人做了官，所以对女子就起疑心了。他怎么没考虑考虑你的妻子在家里替你养活着母亲，辛辛苦苦多少年，就像王宝钏似的那样的人，她怎么没怀疑你在外边讨小纳妾，或者是做了一些对不起人的事呢？女方不怀疑男的，男的回来可怀疑女的，这里就还说明什么问题呢？虽然这俩人没离婚,没甩掉她,就拿这调戏妇女的情节来说,本身它还是体现了什么呢?就是说我只要做了官发了财,我对自己的妻子就有另外一种看法,本质是一样的。还有不是把它改编成京剧了吗?就是关汉卿的《诈妮子调风月》,那实际上也是玩弄女性的一个剧本,那个燕燕是一个受害者了。而在这许许多多的南戏、北杂剧里,作为爱情戏的最有代表性的、最能代表这一类的故事,莫过于《西厢记》,而《西厢记》的寿命也确实很长,从北宋就把唐人传奇的《莺莺传》改编了。最早的唐人传奇《莺莺传》是个悲剧,而且这个张生的形象也并不是一个正面的形象,实际上也是一个玩弄女性的恶劣的读书人的形象。但是,从北宋到金代的董解元的《董西厢》、《〈西厢记〉诸宫调》,后来到了王实甫的《西厢记》,一直到了明代传奇,有一个李日华的,还有一个陆采的,几个《南西厢》的本子,一直到今天演的京剧《西厢记》《红娘》这一系列的戏,这个故事到现在还在流传。这是一个最有代表性的戏。不管是像《张协状元》《王魁负桂英》《赵贞女蔡二郎》也好,或者是说像《西厢记》这样的故事也好,有的是有情人终成眷属,有的是男子负心抛弃前妻,不管表现形式是什么,它这里有一个根子,有一个社会根源。就是门第观念在作祟,也就是说男尊女卑,等级制度在后边起干扰破坏作用。当时结婚是讲求门当户对的,大家仔细去分析,甭管是南戏也好北杂剧也好,很多涉及爱情婚姻问题的戏,如果是以悲剧结局的,十之八九是因为门不当户不对。这个用《西厢记》里那个老夫人的话就说了，说我家里是三代不招白衣女婿，意思就是说，你是一个普通的读书人，没有功名，没做了官，没爬到统治阶级的地位，我的女儿就不能许给你。我可以说话不算数，可以用阴谋诡计，可以用种种不正当的手段来悔婚，那好像我没责任；而你没爬上统治阶级的地位你就不配娶我的女儿。门当户对的这种等级观念，也就是说男女不平等的这样的一个社会现实，这才是许许多多爱情婚姻题材戏的一个最要害的问题。为什么这个戏传流到今天，还一直活在舞台上呢？我用一句话来概括：用才子佳人、郎才女貌的标准，来否定门当户对。所以宋元以来的，南戏也好，北杂剧也好，爱情婚姻问题的背后，作者主要谴责的、揭露的、反对的，是门当户对的观念。要想让爱情婚姻得到自由自主，首先得破这个门当户对的观念，这是我们的中国戏曲，发展到从宋至元，甚至于到明初，这样的一个阶段，主要的性质是属于破门当户对观念的这样的一个进步的意义。所以我们今天看问题，用采取历史唯物主义的观点，对才子佳人戏也不能一概抹杀，在一定的历史时期它起到了进步作用。从宋元南戏一直到元代的杂剧，以《西厢记》为代表，主要的一个主题，就是谴责男子忘恩负义也好，歌颂男子爱情专一也好，或者是歌颂女性爱情专一也好，不管怎么说吧，它的背后，有一个社会压力，这个压力就是门当户对、男尊女卑的思想在那儿作祟，男女不平等，得要门当户对了才能够结合成为夫妇，爱情才能够得到圆满的结果，否则就容易不是被家长干涉就是被社会压力给干扰了，或者甚至于男子变了心了，等等，表现的结果不一样，可是它的背景是一个，这是第一个阶段。

到了明代的后期，到了《牡丹亭》，爱情的题材进入了一个比较高的阶段，就从郎才女貌、门当户对这一对矛盾进了一步，男女双方要求爱情婚姻自由自主，来反封建礼教。礼教的概念比门当户对的概念大一些了，也可以说那个根更深一些。也就是说，这一对矛盾换成了封建礼教和个性解放的关系。不仅仅就是郎才女貌、才子佳人，这里有一个争取个性解放（这个词我们也是借用的）的问题。明朝后期，出现了资本主义萌芽，因此它有个性解放的因素在里面。由个性解放这样一个进步思想作指导，来反对封建礼教对于青年男女在爱情婚姻问题上的桎梏、束缚，种种的限制、种种的局限，要冲破这个东西，而希望能得到婚姻自主、爱情自由，能够达到个性解放的这样一个高度，这是到了《牡丹亭》的阶段。汤显祖的戏，之所以比《西厢记》要高，它就高在这里。汤显祖的《牡丹亭》是用"主情说"来反对封建礼教，反对程朱理学。汤显祖认为爱情这个力量超出了生死的界限，他用一种浪漫主义的手法来大力地肯定这个"情"。但是我要指出一点，就是《牡丹亭》超越了前人所在的那个关键性的那个东西在哪里？这里我想引一个材料，这个材料是可以说近年来研究《牡丹亭》的同志还没有涉及过的一个材料。这个东西我已经写了一篇文章，前年纪念汤显祖，我交给他们那个学会，可是到现在这书也没出来。就是说汤显祖的这个《牡丹亭》确乎是超越前人，但是他仍旧还是继承传统，他并没有把前人的东西一脚踢开，他的创新是在继承了很深厚的文化遗产的基础上的创新，而不是异想天开。这里我要介绍的这个材料说的远一点，就是在几年以前，我随便翻书，看到了清朝有一个经学家，他是研究"三礼"的，叫凌廷堪。他的诗文集，叫《校礼堂全集》。卷二的《论曲绝句三十二首》，其中有一首，就提到了汤显祖的《牡丹亭》，当然这个三十二首里边好诗还是有很多的了，我不想全面介绍了，我只想说一点，就是其中有一首，他肯定了元杂剧的《李逵负荆》。在清朝中叶一个研究经学的人居然对元杂剧《李逵负荆》给予很高的评价，我认为这人思想还是够进步的。他在这个三十二首里就有一首专门写到了汤显祖的《牡丹亭》。诗底下作者有一个小注，这个小注比较重要。他认为汤显祖的《牡丹亭》受到了元杂剧的两个戏的影响。一个是马致远的《青衫泪》，就是白居易《琵琶行》的故事，马致远把它写成戏了，用的《琵琶行》的原句"江州司马青衫湿"，作为戏名，就是《青衫泪》。还有一个戏，是乔吉乔梦符的《金钱记》。凌廷堪的小注里就说了，说元代的《青衫泪》与《金钱记》，都是汤临川（汤显祖）写《牡丹亭》的一个粉本。粉本是什么呢？就是好像一个字帖一样，他可以照着描的，就是他原来模仿的那个东西。我看了凌廷堪这首诗以后，我当然就得去调查研究了，我认为马致远的《青衫泪》对《牡丹亭》的影响只是表面现象。《青衫泪》里有两个情节，在《牡丹亭》里有类似的地方。《青衫泪》

这个故事是说什么呢？说白居易跟那弹琵琶的,不是在弹琵琶的时候才见着这女的,是说当年白居易在京城里做官的时候就认得这弹琵琶的,俩人就是一对情人,后来中间有人挑拨离间,说白居易死了,结果这个弹琵琶的才嫁给了那个卖茶叶的商人了。后来在浔阳江头白居易送客,碰见这个弹琵琶的了,一看是当初的老交情,老朋友了,于是这个弹琵琶的女子就跟白居易私奔了。这个情节《牡丹亭》里有点影子,就是那个杜丽娘复活以后就跟着柳梦梅一块儿走了,也等于私奔,但是这只是表面现象,没有涉及本质。还有一个情节,就是最后,白居易跟这个弹琵琶的女子,他们俩人这关系怎么样才名正言顺成为夫妇呢？最后是皇帝出面做媒,皇帝下了圣旨,让白居易跟这个弹琵琶的女子结合,这一点在《牡丹亭》里也有类似的情节,就是杜丽娘的父亲跟那个柳梦梅的矛盾说什么也调和不了,最后是皇帝下了圣旨,让柳梦梅娶杜丽娘,这才算勉强把这矛盾解决了。这个情节,跟《青衫泪》也类似。但这都是表面现象,即使汤显祖不看《青衫泪》这个剧本,他也可能写出这样的情节来,这个不算什么稀奇。《金钱记》可就不然了,《金钱记》写的是谁的故事呢？也写的是一个唐朝诗人的故事。这个诗人是谁呢？就是作那个"春城无处不飞花"的"大历十才子"中的韩翃。这里就有这么一个情节,韩翃已经中状元了,他和王丞相之女有感情,被这个宰相给吊起来拷打了一顿。这个情节跟《牡丹亭》可以说完全一样,就是那个杜丽娘的父亲杜宝,把柳梦梅这个新科状元吊起来，拷打了一顿。不是现在昆曲里还有这么一折叫《硬拷》，那就是打柳梦梅。这个王宰相打韩翃跟杜丽娘的父亲打柳梦梅这个情节太相似了，凌廷堪的话是不错的，汤显祖对于《金钱记》有模仿的痕迹。在《金钱记》里，我认为最主要的一个情节，凌廷堪没有往诗里写，这个情节很有意思，是什么情节呢？就是说韩翃后来就被王宰相请去做家馆先生，教他的女儿念书，结果就跟他女儿发生了爱情。其中就有这么一场，写韩翃在书房里做梦，梦见了王小姐来找他，两个人正在说话，一下这个梦就醒了，韩翃当然在梦醒以后相当地失望。这个情节与《牡丹亭》可是太接近了，特别请大家注意，就在《金钱记》里，韩翃的唱词，居然有这么几句话。他说："这答儿里厮撞着"，"厮撞着"就是相撞着，两个人撞上了，就是见了面了，"这答儿里"就是在这儿，在这儿就碰见了。"俺两个便意相投"，情意相投了。请注意底下，"我见他"，这男的唱，现在写应该写女字旁的"她"，"我见他恰行过这牡丹亭"，我见她恰好走过牡丹亭，"又转过芍药圃蔷薇后"，如果您对《游园惊梦》的词要是熟的话，简直就怀疑这是从《游园惊梦》里抄出来的。不对！是《游园惊梦》抄的《金钱记》。那不是"芍药栏"也是《惊梦》里的词，"牡丹亭"也是《惊梦》里的词吗？为什么《还魂记》又叫《牡丹亭》呢？就是因为这梦里有牡丹亭嘛。"我见他恰行过这牡丹亭，又转过芍药圃蔷薇后。"就这两句，就可以看出《金钱记》跟《牡丹亭》的关系该是多么密切！从乔吉的《金钱记》的戏词，我们就可以看出一个情况来,《牡丹亭》有一个特定的意义,从元代杂剧一直到明代汤显祖的《还魂记》就是这个杜丽娘柳梦梅的故事,到了《牡丹亭》,有一个共同之点:牡丹亭是一个什么特定的环境呢?就是男女幽会之所。牡丹亭者,乃男女双方有爱情而不能够自主自由,偷着幽会见面的地方,这就叫牡丹亭。所以说,汤显祖的《牡丹亭》确实是参考了,或者是说借用了《金钱记》里的情节,甚至于连词都借过来了。但是,我们认为汤显祖这个戏,还是比《金钱记》要高出好多,《牡丹亭》的进步意义还是比《金钱记》要大。《牡丹亭》这个戏是一个"主情论"的戏,就是说把"情"的高度提到了可以起死回生的地步,用来跟封建礼教、程朱理学的"理"相对抗。汤显祖写《牡丹亭》的主题,就是说他要用起死回生这样一种浪漫主义的手法来肯定情的作用,来肯定情胜于理的力量。在《牡丹亭》里,杜丽娘的父亲,还有那个教书的先生——陈最良,是代表程朱理学、封建礼教的那一面,陈最良更是一个礼教的牺牲品了,那是一个非常迂腐的一个人,这不去管它。杜丽娘和柳梦梅,他们是代表了当时具有民主性精华的"主情"思想的具体的人物。而在《金钱记》里,做梦的人是韩翃,是男子。一个男的做梦,梦见了他所爱的女子到梦里来找他,这个在封建社会,一点儿也不稀奇。就是把它写成文字,或者是在舞台上表演出来,那已经不太容易了,不过也不算太难。因为那个时候的社会,是大男子主义社会,是以男性为中心的社会,一个年轻的男子,想念一个女孩子,做一个梦,这个算不了什么稀奇事。相反,在明朝那样的一个礼教森严、理学势力很强的社会环境里,杜丽娘作为一个深闺少女,那么我们揣摩揣摩她的心理,她会不会也做一个想念年轻的小伙子的梦呢?人情不甚相远,估计那个时代的女孩子也可能做这样的梦,特别是在汤显祖的戏里,是在杜丽娘念了《诗经》以后,念了"关关雎鸠"、"窈窕淑女,君子好逑"这样的诗以后,她很可能也做这样的梦的。但是在那个时代,距离现在四五百年以前了,一个封建少女做了这样的一个梦,她敢跟人说吗?想必不敢,她甚至于连自己梦醒了以后连想都不敢想,她绝不肯当着人把这个梦公开出来。你看《红楼梦》里,林黛玉看《西厢记》都得偷着看,如果没有贾宝玉帮忙,林黛玉连《西厢记》都看不见。在这种情况之下,而汤显祖竟然敢怎么样呢?敢把一个少女的心理活脱脱地给它摆在舞台上,说我就是想嫁一个男的,而且在梦里跟这个男的遇见了,幽会了,把少女的一个深藏在她灵魂深处的这样的秘密的东西,把它公开在舞台上,他不是写在书里了,他要演出来让观众看,汤显祖这个人的胆子该有多大?他的魄力该有多大?他反封建礼教的精神该多么了不起!这才是汤显祖胜过元代杂剧,用才子佳人的思想来反对门当户对的这样的一个主题突破的地方。当然我们说,《红楼梦》写得就更深刻了。《红楼梦》写不但林黛玉看过《西厢记》,连薛宝钗也偷着看过《西厢记》,只是他没有明着写,《红楼梦》高就高在这儿了。《西厢记》不但是贾宝玉看过,贾宝玉看了已经是离经叛道了,还给林黛玉看,后来林黛

从元明爱情题材戏曲看《长生殿》在清初文学中的地位和影响

玉无心中流露出来以后呢,薛宝钗就点醒了她,说你别说这个呀,你当着人别说这个,说明薛宝钗也看过《西厢记》。这曹雪芹高极了。汤显祖了不起就在于,他不但替杜丽娘把灵魂深处的思想活动表现了,形象化了、具体化了,而且还把它摆在舞台上,在众目睽睽之下表演出来,这是达到了前所未有的高度。汤显祖的这个了不起,我们可以借用鲁迅先生的一句话,鲁迅先生说《三侠五义》不是替市井的细民、小民写心吗?汤显祖实际上是替他当时的那个封建少女写心,这种思想高度就不仅仅是停留在郎才女貌的水平上了。那么,这是爱情题材到了明代汤显祖《牡丹亭》这个时候,达到了第二个阶段。就是说,个性解放与封建礼教,作为一对矛盾,体现在戏曲里,把它反映出来。

到了清朝,清朝初年的戏曲,当然最有代表性的就是《长生殿》和《桃花扇》,实际上《桃花扇》比《长生殿》问世还晚一点。清代初年,除了《长生殿》《桃花扇》之外,还有没有其他的剧本了呢?我这里不想多谈,只想介绍一个剧本,跟这两个戏有共同类似之处的,就是吴梅村(吴伟业)的《秣陵春》。秣陵就在现在的南京。《秣陵春》是《桃花扇》《长生殿》的一个先驱,当然它的成就不如《长生殿》《桃花扇》,但是有共同之点:第一,有爱情描写,这三个戏都有爱情描写。第二,结局都是不是出家了就是上天了,都是一个超现实的结局。第三点更重要的,就是清朝初年的戏,直接跟当前的政治挂钩,写到了爱情与政治的关系。当然了,你说一个戏,看那个政治的定义是宽还是窄了,大还是小了,你可以说哪个剧本、哪个小说也离不开政治,但是没有跟政治直接挂钩。《西厢记》离着政治总还远一点吧?汤显祖的"四梦",《邯郸记》和《南柯记》可以说是政治戏,但是《紫钗记》和《还魂记》,它总该是个爱情戏。而《桃花扇》它是和明末清初的政治挂了钩,特别是和南明的那个小朝廷的政治挂了钩,这是很显著的。《长生殿》的男女主角是李隆基和杨玉环,这两个人物,在爱情的范围里是正面人物,要在政治的范围里则是反面人物。作为一个爱情戏,唐玄宗与杨贵妃是作者肯定的对象;作为一个政治内容的剧本,他们是作者批判的对象。所以说这几个戏,从《西厢记》到《牡丹亭》甚至到《桃花扇》,以《长生殿》的分析为最难。作者有一个主导思想,写出了爱情与政治的矛盾,矛盾冲突到了一个最高点。就是说如果你因为政治,不但要牺牲爱情,而且得牺牲性命,那就说爱情与生死的矛盾也跟政治有关,政治的力量能够影响到一个人的生命,杨贵妃不是死了吗?不死不行,政治力量太大了。所以说,如果作为一个政治戏来看,唐玄宗是个昏君,杨玉环是一个骄奢淫逸的宫廷妇女,他们作恶作了不少,比如说要吃荔枝就踩死了人,最后导致亡国,这个罪过可是相当严重的。用作者洪昇自己的话来说,他不是有这样的一个话吗?叫作"弛了朝纲,占了情场"。如果"占了情场",在爱情上取得了成果,那么朝政就越来越堕落、越腐败、越垮,最后垮到了不可收拾的地步,安禄山造反,整个的唐朝的天下几乎葬送。所以,在《长

从元明爱情题材戏曲看《长生殿》在清初文学中的地位和影响

生殿》里，处理政治和爱情的关系，作者有一个很清醒的观念。他认为如果你要做一个贤明的君主，你就应该抛弃爱情；如果你要做一个忠实爱情的人物，就是说你对于爱情坚贞专一，那你就得牺牲政治甚至于导致亡国，家破人亡。他认为，作为一个统治阶级，处理政治与爱情的关系上，是势不两立的。我们看这个《长生殿》一共有五十出，总的来说，李杨的形象在爱情题材里是正面人物，特别到了后半部；而在政治情节里是反面人物，是祸国殃民的罪魁祸首。《长生殿》的作者最后还是歌颂了爱情的专一，但是得选一个特定的环境，在人间这个爱情没有法得到一个统一的、圆满的结局，只能在天上，在不食人间烟火的仙境里去团圆。有人说，《长生殿》的后半部是消极浪漫主义，这话有一定的道理，但是也不全对，因为作者有一个主导思想，他就认为爱情与政治是势不两立的，是不能并存的。这是《长生殿》可以说比较难分析的一点，就是它的男女主角有两重性，而这两重性恰好是彼此对立、水火不相容的两重性，在唐明皇和杨玉环的身上体现出来，所以难分析，也难评价。要想爱情得到圆满的结局，只能超脱生死，在现实社会里杨玉环非死不可，但是，当然这都是作者的幻想了，杨玉环也可以尸解，可以升天，唐明皇到最后可以在天上，在仙境里跟自己所爱的人团圆。

请注意，为什么洪昇处理李隆基、杨玉环这两个人物，最后还是对他们肯定的比重多，批判的比重少呢？是不是洪昇对于统治阶级偏爱呢？是不是洪昇这个作家是封建士大夫，不敢得罪统治阶级最高统治者呢？这里还值得再往深里挖一下来研究。

从整个的《长生殿》来看，杨玉环的缺点还是比较明显，李隆基的缺点也并不少，为什么从头到尾作者通过他们两个人本人也好，或者是通过别人的转述也好，对于李隆基和杨玉环基本上还是采取了歌颂的、肯定的、同情的，这样的一种感情呢？因此，过去写《长生殿》论文的同志，就批判了洪昇的局限性，认为他把李隆基和杨玉环这样一对帝王夫妇美化了。过去当然我们受极"左"思潮影响也有这样一种看法，认为统治阶级是没有真正的爱情的，这有一定的道理，特别是一个皇帝，一夫多妻制，更谈不到什么爱情专一了。但《长生殿》毕竟是个文学作品，作者有意识地要把李隆基和杨玉环既写成了对爱情坚贞不渝，又写出了他们在政治上犯了很严重的错误，甚至于到了破国亡家的这样的一种罪恶的行径。老百姓也死了，外寇也来了，国家也灭亡了，连长安也保不住了，杨玉环死了，唐明皇逃难逃到四川去了，等等。写出了一个最高统治者末路或是悲剧的命运，他也写得很透彻。可是最终呢？他对于李杨这两个主角，还是采取了同情的态度，即使不是歌颂吧，算不算是洪昉思的局限？算不算是《长生殿》的缺点？这个问题，值得深入地研究一下。这里牵涉的问题就又比较复杂了。同样的情况，也存在《桃花扇》里。《桃花扇》里马士英、阮大铖那是否定的对象，不成问题。变节的人物要不要肯定得这么高？也是一个争论的题目。正如同说李隆基、杨玉环配不配有真正的爱情，性质是一样的，就是说对于统治者，对于这些士大夫，他们身上的缺点，可以不可以改造？改造了算不算美化？这里是有争论的，而且是一个比较复杂的问题。甚至于再往上推，刚才提到的《秣陵春》，《秣陵春》这个剧本本身不存在太多的矛盾，但是这个《秣陵春》的作者出了问题。吴伟业做过清朝的官，国子祭酒嘛，就是国子监里的头儿，后来他半截告老还乡了，不做官了，别管怎么着，他也是承认了清王朝政权，而且为清王朝政权效过力的。因此，认为吴梅村这个作家也是一个变节的人。这些问题，都值得研究。既然你是一个晚节不终的人，但是《秣陵春》这个剧本里照样有遗民思想，有爱国情绪，有怀念故国、反对新政权的那种感情。这个怎么办？这个问题怎么解决？可以说，这个问题到今天也没解决。为什么孔尚任塑造侯方域的形象，要把他塑造成一个正面人物的形象？为什么洪昇写《长生殿》，要把李隆基、杨玉环终于还是写成了一个正面人物的形象，肯定同情多于批判否定？就因为他们有民族意识，有一定程度的爱国思想。你看《长生殿》就更明确了。《桃花扇》最后写到了南明灭亡，清朝人入关，到底还是满人杀到关里来了，那还究竟是满汉两族了。安禄山当时没有人承认他是外族人，他已经归附唐朝，尽管他是胡人，是一个少数民族，现在我们说是少数民族，讲历史也从来不讲，说是唐朝安史之乱是外族入侵，那只能说是内乱，就是现在我们讲历史说安史之乱也是唐朝的内乱，不能讲成了是外患。可是洪昇写《长生殿》的时候，对于安史之乱是作为外患来写的,不是作为内乱来写的,那你要责备他,说他歪曲历史,那也是不错的。但是我们说,洪昇这样处理,也是情有可原的,他是影射,他把安史之乱实际上影射为异族入侵,就因为洪昇是生在了明末清初,特别是清朝初年。尽管康熙那个时候政权已经巩固了,国家也统一了,而且生产力也恢复了,社会局面也比较稳定,可是,这一批作家,脑子里还是有一个反侵略的爱国思想。所以他才对唐明皇表示那样大的同情。如果没有这样的一个思想作指导的话,也可能他把唐明皇就写成了一个基本上是批判的对象而不是歌颂的对象。洪昇写唐明皇,同情唐明皇、歌颂唐明皇,这里有两个因素:一个因素是由于他还肯定了爱情,说只要他放弃政治,或者是在政治上表示忏悔、表示悔悟,还要肯定他的爱情;另一个,就是出于李隆基究竟是一个好像是被外族入侵的受迫害的人,他是从这个角度来同情唐明皇。所以我们过去讲文学史《桃花扇》也好,《长生殿》也好,里面的爱国思想不是无中生有。但是在当时的历史条件下,我们也很难说他就不对。洪昇、孔尚任在他们的剧本里流露出对于清王朝的不满和对于他们的故国的那种留恋的感情,多少也是可以谅解的,也可能是错的,但是也是可以理解的,甚至是可以谅解的,因为当时的事实,历史事实就是那个样子。

所以《长生殿》这个戏,难分析就在这儿。第一,他把爱情跟政治写在一个戏里了。李隆基、杨玉环又是爱情的主角,也是政治的主角,这里就有一个正反面人物的问题,刚才已经谈了。另外还有

从元明爱情题材戏曲看《长生殿》在清初文学中的地位和影响

一个问题，李隆基、杨玉环作为封建最高统治者，他本身也具有两种矛盾在他身上。一个是压迫人民迫害人民剥削人民的、骑在人民头上作威作福的统治者，这个，作者也是批判的。但是，当李隆基、杨玉环与安史之乱这样的一个事件联系上的时候，那就说是，与民族矛盾挂上钩的时候，他们又是一个被侵略者、被迫害者，国亡家破，被人家赶得跑到四川去逃难的一个牺牲者，一个值得同情的人。所以单从政治这条线来看，李杨这两个主角也有正反面两重性。作为民族矛盾来说，他们是受安史之乱迫害的牺牲品。当然，罪魁祸首还是他们，如果李隆基杨玉环不这样胡作非为的话，也许导致不了安史之乱，正如同明王朝如果不是腐朽昏庸、腐败透顶，也导致不了清人入关。但是就安史之乱以后，李隆基杨玉环的处境，一个死掉了一个跑掉了，而且受尽了千辛万苦，即使他是统治者，是咎由自取吧，作者站在反侵略的民族立场上，他又对于李杨有所同情，这个也是可以理解的。这样一来，《长生殿》就更复杂了。爱情上是正面人物，政治上是反面人物。政治上作为一个朝廷的统治者他欺压老百姓，他本身又是反面人物，而当外患打进来，自己作为一个被侵略者、被牺牲者的时候，作者对他又寄予一定的同情，在政治这条线上他本身又具有两重性。就是说作者对于这个人物一会儿同情一会儿否定，你仔细去看，同情的地方有一个规律，凡是爱情的问题，他同情；政治问题，他否定。在政治问题上，如果作为一个朝廷的最高统治者，他是迫害人民的，他否定；作为外寇杀进来了，他本身是个受难者是个牺牲者，他又被同情，虽不说被肯定吧，至少是被同情。所以作者写杨玉环的死，一方面也批判她，一方面又同情她。同情的动机，就是因为她是受外来的侵略而导致死去的。

这个戏确实难分析，但是只要我们抓住了主要的线，每一出每一出地去看，看它每一出的主题是侧重于哪一方面，然后再看作者的态度，也就很清楚了。你把它归归类，哪些个戏是属于反映民族矛盾的，哪些场面是属于反映作者的爱国遗民思想的，哪些戏是反映李杨爱情问题的，哪些戏是反映一个统治者的形象的，哪些戏又反映出来李杨这两个主角是好像爱情结晶的象征的。作者自己心里有一本账，但是《长生殿》是一个大部头的传奇，他不能把这个账简单化，他把它穿插着来写，把它交错。这个阶段就是到了一个爱情联系政治的这样一个阶段。有的是指出了政治与爱情是势不两立的，比如说《长生殿》、《桃花扇》。到最后，侯方域跟李香君又见了面了又团圆了，照理讲可以作为一个喜剧的结局了，这该没问题了吧？不行，亡国了，明朝已经亡了，所以张道士站出来说话了，说你们的"国在哪里？家在哪里？"既然大环境都变了，你们俩人还在那儿谈情说爱实在是有点无聊了，结果奚落得李香君和侯方域都出了家。爱情谈不下去了，就是大环境变了，爱情本身这个小事也不存在了，也是个政治与爱情势不两立的情况。这样的一种情况，这是从反面来写了，有没有从正面来写的？有。比如说李隆基与

从元明爱情题材戏曲看《长生殿》在清初文学中的地位和影响

杨玉环,在某一点上,那个思想水平还不如《桃花扇》,因为李隆基之所以宠爱杨玉环,实际上还是白居易那句话:"汉皇重色思倾国",他们的生活还是荒淫腐朽堕落的生活。李隆基与杨玉环有什么共同语言呢?除了谈情说爱以外,只有享受,只有听歌看舞蹈,到骊山上去避暑,或者是喝酒,花天酒地,这个水平很低很低,是一种糜烂的统治阶级的生活,这个微不足道,实在是无聊得很。侯方域跟李香君就不一样了,他们两个人在政治上是志同道合的,反阉党、反马士英、反阮大铖,他们忠于明王朝,对于侵略者、对于强暴势力都是反对的。李香君虽然是一个妓女,可是她的精神面貌、思想水平相当高,高到了可以跟当时比较进步的士大夫有共同语言,称得上志同道合,他们的爱情关系里有个志同道合的因素,《长生殿》没有。

以上谈了《长生殿》在清初文学中的地位,影响呢?就不能光谈戏曲了,就要把视线稍微放大一点,谈到《红楼梦》,谈到小说了。这不算题外之文,但是,只有这样概括地来看,才能看出文学发展的一个轮廓,一个线索。刚才我说了,《西厢记》是郎才女貌反对门当户对;《牡丹亭》是用个性解放、用"主情论"来反对封建礼教、程朱理学;到《红楼梦》,也写了爱情,写了贾宝玉和林黛玉的爱情。这个爱情也是一个爱情悲剧,他没有和稀泥,没有处理成为一个像《西厢记》那个和稀泥,搞成了天下有情人都成眷属。《牡丹亭》好虽好,只反程朱理学,并没有反功名利禄,柳梦梅照样中状元做大官，皇帝做媒，让他们结婚，还是统治阶级内部的人物，还是高高在上的封建统治者里的一员，属于封建统治阶级内部的人物，《桃花扇》《长生殿》更不用说了。而《红楼梦》的特点，你看，它受这几部大的戏曲的影响是多么深，而且又发展了这几部戏曲。《红楼梦》里的爱情问题与政治也是势不两立的，这一点与《长生殿》有共同之处。如果从政治角度去考虑，宝黛的婚姻必然是悲剧，如果要想让爱情成功，必须要摆脱政治的约束，这是不可能的。宝黛的爱情悲剧，这里包含的因素很多。其中，包含了门不当户不对的问题，林黛玉虽说是贾宝玉的亲戚，但是因为林家没落了，林黛玉的娘家没有人了，母亲也死了，实际上她的门第已经衰落了，配不上四大家族那么高的统治地位了。林黛玉与贾宝玉的爱情体现了个性解放，但是又打不过当时的封建礼教，以贾政、贾母为代表的那个封建礼教，冲不破那个程朱理学的罗网。但是，这些过去的论文里都有人谈，有两点在过去的论文里谈得比较少，一个是贾宝玉与林黛玉两个人是志同道合的，这一点是受《桃花扇》的影响。而在政治与爱情的抉择上，要照着贾府的统治者的选择，势必不选林黛玉，爱情与政治势不两立这一点，受《长生殿》的影响。《红楼梦》的结局是什么？最后是林黛玉死，贾宝玉出家，这个即使不是后四十回，就是曹雪芹写完了原书，可能也是这个结局，因为前八十回已经点出这一点了。这个结局是清朝初年所有文学作品一个共同的处理手法，《秣陵春》如此，《桃花扇》如此，《长生殿》如此，你要想

从元明爱情题材戏曲看《长生殿》在清初文学中的地位和影响

爱情得到圆满的结果，必然超脱尘世，离开现实社会。如果爱情上得不到圆满的结果，那只好一个出家一个死。所以我说，《长生殿》对清初文学有什么影响呢？它也影响了《红楼梦》。我们不能轻易地给这些戏曲小说扣帽子，说用虚无主义的结局，用"色空"观念的结局，来结束作品，说这是局限。不错，是局限，是时代和阶级的局限，但是，情有可原，要具体分析。因为在封建社会，统治阶级内部具有叛逆性格的、进步思想的人，想冲破封建思想的罗网，那是谈何容易？他没有造反的出路，又不愿意往上爬，《红楼梦》高就高在这儿，比《西厢记》《牡丹亭》高，就高在了它连功名利禄也反对。这就是到了清朝的时候，作品的水平又上升了一步。《儒林外史》反对功名利禄，《聊斋志异》里也有一部分反对功名利禄，《红楼梦》反对功名利禄是很彻底的，这比《西厢记》《牡丹亭》最后男主角中状元要强多了。《红楼梦》后四十回，假定作者是高鹗吧，处理成贾宝玉非得考中了他才出家，这实在是画蛇添足。因为高鹗的思想并没有超出了王实甫、汤显祖的思想。而曹雪芹在前八十回里否定功名利禄是否定得很彻底的，因此他又比这些戏曲作品高了。但是有一个共同的东西，反对这个也好，反对那个也好，反对封建礼教、程朱理学、功名利禄，都反对了，反对得很彻底，反对得越彻底，他的出路就越窄，因为跟统治阶级对立的情绪就越大，矛盾就越深，怎么办？只有走，离开现实社会这条路。而当时离开现实社会这条路是什么路呢？不是遁入空门，就是进入了像曹雪芹所说的太虚幻境,才能够解决这个矛盾,现实社会里解决不了这个矛盾。这是局限,但是是一个情有可原的局限,是当时进步作家在找不到任何出路之下的唯一的出路。我们都知道,明末清初,包括汤显祖的《牡丹亭》,一直到清朝初年,一直到了《红楼梦》,都受明朝末年王学左派的影响。王学左派的代表人物就是李卓吾了,尽管他自己没有出家,但是他的生活方式是一个清教徒的生活方式,他作为一个和尚、一个僧人,来讲学,推广他的思想。可见当时具有进步理想的人,要走一条出路,这个出路只有离开了儒家的、正统的、程朱理学的那条线,而走入神仙啦,或者是佛教啦、出家啦、上天啦,走这条路。现实社会里没有,文学作品里可以反映得出来。所以,在这一点上,《红楼梦》与《桃花扇》《长生殿》甚至于包括再往前的《秣陵春》等等,都具有共同之点。《儒林外史》里可没有写什么谁出家了,但是《儒林外史》里也写了一个妓女出家了。最主要的《儒林外史》写的什么呢? 不出家也当隐士,就是不做官,靠着开茶馆、做小买卖、写字画画,来自食其力。换句话说也是尽量地离开当时那个矛盾最尖锐的政治漩涡。只有这样才是当时进步的作家、进步的读书人理想的出路,《长生殿》也不例外。我们只有把《长生殿》摆在纵的、史的发展的洪流里来看,只有把《长生殿》摆在横的、跟它同时代的《秣陵春》《桃花扇》,还有后面的《儒林外史》《红楼梦》,摆在这个环境里来看,才能够给它一个比较正确的、公允的、实事求是的评价。

从元明爱情题材戏曲看《长生殿》在清初文学中的地位和影响

我们研究一部戏曲也好，小说也好，甚至于诗歌、散文，其他体裁的文学作品也好，都应该离不开竖的、横的这两条线。把它抽出来，孤立地来看，毕竟是片面的，不能得出一个比较正确的、比较全面的结论。我们是用历史唯物主义、辩证唯物主义的观点来看待一个作品，而不是孤立地、形而上地、主观地、只凭我们个人的爱憎的感情，或者是为了只迁就当前的某一个政治需要来看待一个作品。只要不是这样，那个文学作品总会得到一个公正的，而且是是非分明的一个评价。

我想，我们只能从这样的一个大的、竖的、横的，这样的一个交叉点上来看《长生殿》，或许得到的结论更比较符合《长生殿》本身的现实一些。也不一定就能够完全分析得很正确，不过比较实事求是一点，这是我个人不成熟的看法。

我不是一个对《长生殿》有很深刻研究的人，因此我对《长生殿》本身今天讲得很少，而《长生殿》以外的东西讲得很多。这一点，请大家原谅。

整理：李若彬、张一帆、赵娜

附录

人间四月芳菲尽,

乔木频遭寒雨摧。

生死衰荣缘底事?

百年草芥有馀悲。

小如老友,缔交六十六载,赋此送别。

邵燕祥

原载《文汇读书周报》2014年5月16日

挽吴小如先生

肖复兴

草长莺飞五月中，
落英满地泣吴翁。
讲诗说杜楼前月，
论世裁心酒底风。
犹票戏时成大戏，
不教工处是真工。
为师鹤发蝇头偈，
字字依然墨色浓。

2014 年 5 月 14 日印第安纳雨中

欣霽即欣留客住
晚來非晚借鐙明

此先師俞平伯先生所撰上聯原作欣處
可欣先父玉如公為作章艸並題邊跋易
可欣為即欣先師以為改筆更佳聯懸壁
間甚久先師既逝原件已歸莎齋 小如

小如墨迹

敬悼吾师吴小如先生

白化文

吾师小如先生逝世,我十分悲痛。

1950年初春,我方在南开大学中文系一年级就读。业师孟志孙先生对我颇加青目。一日,派人到宿舍传我到孟府。我到时,见一位青年人已在,孟先生介绍,说是吴小如先生。那时,吴先生刚从北大中文系毕业,在吴玉如先生任文学院院长的"津沽学院"(此校在院系调整后屡经变化)教课。那时,小如先生发表文章已达数百篇,遍及京津沪各种大小报刊,并协助沈从文先生等编辑大报副刊,名震一时。我极表敬慕之情,吴先生只是叫我好好地跟着孟先生学。

及至再见到并受业于吴先生,已是北大1954年秋季始业之时,吴先生已是讲师,作为浦江清先生的"助手"(非"助教"),为我们中文系51级讲授"中国文学史·宋元明清"部分,俗称"第三段"者是也。浦先生身体欠佳,吴先生帮助讲一些课,如"话本"就是吴先生主讲。学长程毅中与我任课代表,得以经常谒见,获益独多。六十年来,又因多种事由,如楹联评比等事,为老师前驱,师生关系益发亲切。先慈供职北京的中学图书馆,参加进修班,亦蒙吴先生亲授"工具书使用法"。两代人同受熏陶。

现在,仅就个人对老师的了解略述,借以抒哀。

一点是,吴先生是中文系这一行当的全才。即以文学史而论,从先秦到现代,无有不能。从屈原一直讲到鲁迅。特别要提到的是,第三段即宋元明清一段,国内名家自吴瞿安(梅)先生在北大、中大开课,均限制在"拍曲"即昆曲范围,对"乱弹"即京剧认为不登大雅。吴先生却是"文武昆乱不挡",与梨园界关系密切,是超级"票友",而不以票友身份示人。他是以实践带动研究。环顾海内外中文系,如大名家先辈赵景深先生、王季思先生,均未雅俗兼顾。吴先生堪称独步。最可惜的是,改革开放后,吴先生未能开设此种专题课。

我在校时,适用的古代文学与文献选注本几乎没有。系里与中华书局协商,按文学史分段出大型选本。游泽承(国恩)先生总其成。干活儿的主力是吴先生。游先生审查了几篇,认为很好,也就放手了。后来,中华书局出版了先秦两汉、魏晋南北朝等部分。我听说,唐宋之部早已交稿,至今未出。五六十年代我承乏教席时,得力于这部大型选本极多。

新中国成立后,周燕孙(祖谟)先生于1951年首开"工具书使用法"课,我受益匪浅。继而,吴先生在中文系和校外连续开此课,并出版专书。其津逮学人,非一代也。附言:吴先生英文极好,有译著。

另一点是,吴玉如老先生是近当代著名书法家,弟子极多。小如先生传其法乳,据在下浅见,书法当今超一流。但声名反不及某些专一书法名家者,更谈不到招收书法学博士等事。这是怎么回事呢?

这就要谈到第三点,即吴先生的性格。吴先生一辈子忠于爱情,伉俪情深。对爱人百依百顺,从无间言。我爱人李鼎霞在燕京大学读一年级时受教于吴先生,较我为早。那时,她与同班女生往承泽园(当时尚为张伯驹先生私产,不久售予燕大),谒见吴先生。见师母拿跳棋棋子儿哄小孩儿,吴先生正洗一大盆衣服呢!吴先生善待家人,而区别对待学界人士。他对自己的老师,如游先生、林静希(庚)先生,包括系主任杨慧修(晦)先生,都极其尊敬。对一些老同僚,如林焘先生,也关心备至。但对于系里一些新一代人学术上的错儿,吴先生毫不手软,一抓一个准。有人说吴先生是学术界的"宪兵"。我以为,诚乃"深潭照水犀"也!

基于此,吴先生曾说不想在中文系待了,要上中华书局。袁行霈学长和我以为,此乃下策。于是,一起造府祈求。最后,只能以研究学术问题缓冲。不久,邓广铭先生出来打圆场,把吴先生接到历史系去了。历史系只能是吴先生钓游之地,安能展其长材!好在,吴先生有凌云健笔,不断写文章,出著作。要认识晚年的吴先生,当于著作中求之。

有的人，犹如陈酒、陈墨，愈久愈香，愈使人想，令人看重。浅见以为，吴先生的价值，包括学术上的，书法上的种种价值，随着时代的洗练，当会越来越高。伤心的是，"千古文章未尽才"，学术界的中国学术梦风正一帆扬，更需要老一辈指导与扛起大旗。闻鼙鼓而思中原将帅，何处更得先生！

原载《光明日报》2014 年 5 月 13 日

附 录

哭吾师小如先生

钮 骠

今年，北京的天气冷热失常，立夏季节，郊区竟然下起了大雪，寒气袭来，令人颇感意外，而情感上的悲恸也兀的袭来，甚于寒凉，更感意外——吾师吴小如先生猝然离开了我们！噩耗突至，顿时使我木然无语，热泪淋漓，难以抑止。

我与先生结识五十余载，受其教泽，片言难尽。由于家兄钮隽于上世纪 50 年代初，曾就学于北京大学中文系，常常提起，系里中年一辈教师中，小如先生的课讲得最棒，正如吴组缃先生所称赞的，他的授课效果"无出其右者"。学生们都爱上他的课，"上座率"最高。那时，还常在报刊上读到先生谈文论戏的文章，钦敬之至，溢于言表。心想，若有缘得教于这样的老师，当幸运无憾矣。

甚巧，1958 年我考上了红旗夜大中文系，任教的老师都是聘自北大中文系的，其中的主教老师正有吴同宝先生，使我的夙愿得偿。最近浏览了当年的听课笔记：从唐宋诗词、散文至元明清杂剧、小说、传奇，这些古典文学的基础课都是受业于吴师的，收获丰盈。夜大结业后，一度又去做了吴课的旁听生，随后更与贯涌学弟立雪吴门，专攻古文，吃"小灶儿饭"，耳提面命，受教更丰。平素每有文学上的疑难，随时请益，总是有求必应，有问必答。自此，先生慨然认可我为其门人，常在为文中提及，默感欣幸。

在中国戏曲学校实验剧团初习编写剧本，如《洪母骂畴》、《武则天》等，每写成后都呈吴师审阅、修润，得到先生不厌其烦地字字句句、巨细无遗地批改，并当面点拨，受益尤多。1963年，萧老的文集《萧长华戏曲谈丛》辑成付梓前，书中部分篇章，也请吴师作了修润。

上世纪80年代，内子沈世华在中国戏曲学院，向学生教授昆曲《水浒记·活捉》一剧，剧词深奥难懂，阎惜娇、张文远的唱词，几乎每句中都有典故，是应当给学生解释清楚的。旧时，老演员演这出戏，及至传授给学生时，仅知其大意，若深究典故的来源出处及其用意，往往不能说得清楚。昆剧有谚云："身段是车唱是辙"，不解词中意，焉能演好戏？老师教学生切不可囫囵吞枣，不求甚解，必须交代明白。我们很想做些考释，然而力所难及。于是便登门求教吴老师，请予指授。老师在备课、教课、撰文的百忙之中，不惮辛劳，认认真真、谨严不苟地逐条逐句，加以稽考解析，给我们讲述了两个半天，偶有拿不准的地方，便亲自趋往俞府面询平伯老先生，终于理出了一份较为周全详尽的考释资料，为今后演唱、传授此剧的后人们开启了"解惑"之门。幸好，我们将先生的讲述作了录音，保留至今，洵足珍贵。

附　录

　　教授《南西厢记·佳期》时,戏里红娘的主要唱段〔十二红〕曲子中,有些词句,不太符合人物的年龄和身份,且有些不够健康的描述,不宜教授学生,而这折戏中保留着许多值得继承下来的表演技艺,任其失传,着实可惜。我们试着将唱词作了些变动。而昆曲文词格律严谨,岂能率尔操觚,轻心为之。于是,我们又去请教吴师,经他审订,修正了不妥之处,使这段唱词,平仄合律,便于上口,内容净化,未见穿凿之弊,成为适合教学的可用教材,并得到了俞振飞老师的首肯。

　　吴小如老师对学生切切实实地尽到了"传道、授业、解惑"之责。他不仅是一位桃李盈枝、诲人谆谆的名师,更是一位学养精深,使人昭昭的明师——明白、明达之师。

　　吴师在剧学上,对我的惠泽和引领,也是述之不尽的。从青年时期起,我就将他谈文论艺的撰述当作教科书一般地研读。自与先生识荆后,每有登场演剧,都请先生莅临指谬,聆听他的点评,记牢于心。先生看戏素以严格以求出名,绝不轻易挺人,然而对于吾辈后学,则是以鼓励、鞭策为主,同时不客气指出瑕疵,告诫努力方向。热诚中肯,教人心服。1985年先生看了世华演的《孽海记·思凡》后,著文推介,予以了充分肯定,并提出克服不足之处,在于能有经常的演出机会;1989年又看了世华演的《牡丹亭·游园》,欣然赋诗一首,以资鼓励:

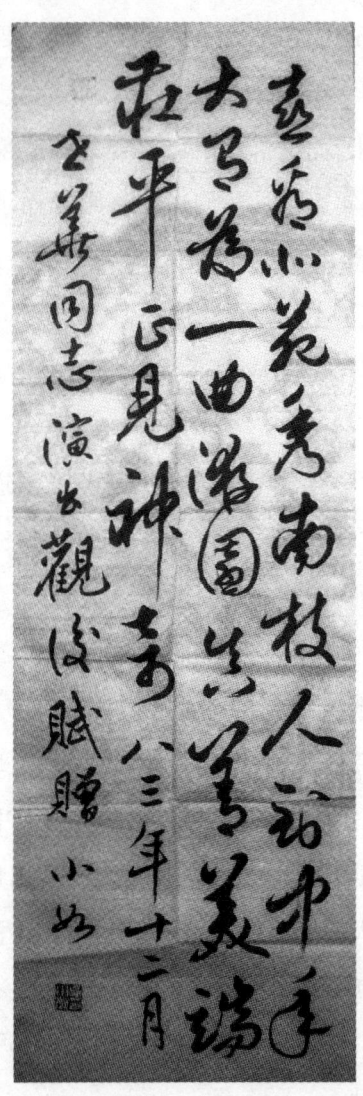

吴小如赠沈世华诗

附 录

喜看北苑秀南枝,

人到中年大有为;

一曲《游园》真善美,

端庄平正见神奇。

并书成条幅惠赠,还在评论专文中,指出了不足之处。

对于看我演的戏,如陪同诸位前辈演出的《群英会》、《连升店》、《独木关》、《长坂坡》、《潞安州》、《八蜡庙》、《贵妃醉酒》等,先生都有记述。尤其使我难忘的一回,大约是1981年,高盛麟老师和王正屏先生合演《连环套》,由我饰演《盗钩》一折,为窦寨主备酒的厨子,先生特意专程从中关园来到戏校排演场看戏,待厨子的戏下场后,先生便打道回家了。他打趣地说:"今天就是专门看厨子来的。"这般真情实意,叫我感动得不知说什么才好。

1984年,我和萧润德师弟拍成电视片全部《连升店》,请先生看后,写来专函,赐予点拨:

捷之兄:久违了!

　　足下串演连升店录像,日昨始克寓目。颇有萧老遗响,至慰至快。惟字幕错字不少,未免白璧微瑕。如"报禄"均作"报录",似太欠讲究。润德规矩有余,筋道不足,是叶派而非姜派。彼尚欠我画一幅也。兄演此戏,唯一不足处,即　兄为人太善,心眼太实诚,演此势利小人,略感性格不谐调。然手眼身步,皆得真传,口齿亦佳。自盛武谢世,萱翁年高,此戏非兄莫属矣。馀俟面话,不一。匆祝

双安!

弟　莎顿首

七月廿二日

(按:叶派指叶盛兰派,姜派指姜妙香派;盛武、萱翁即孙盛武、萧盛萱二位先生)

先生出于培护之心,臧否分明,语语中的,蔼然仁者之风,教我心悦诚服,永铭于怀。

平素去拜望先生,交谈内容,总离不开论剧说戏。先生嗜戏若渴,时刻关注着传统好戏的传播,新出人才的成长。我犹如一名考生面对考官的口试,每每说出自己的所闻所感,谈些在报章上、场合上不便言说的话语,讲给先生听,常常得到先生的认同。先生在言谈话语中,总是流露出对戏的"爱之深""欲其兴"而"不忍其衰"的情怀。故而每次都谈得十分融洽,不愿我辞去。

积几十年的感受,从吴师身上深深领会到"看戏"也是一门学问,需有深厚的功力。从看戏、爱戏,到懂戏、学戏,进而评戏、论戏,理解台上人的匠心,着眼于演戏人在台上,驱遣的技艺,拿捏的火候,营造的意境,展现的神韵,和台下看戏人审美需求的满足、艺

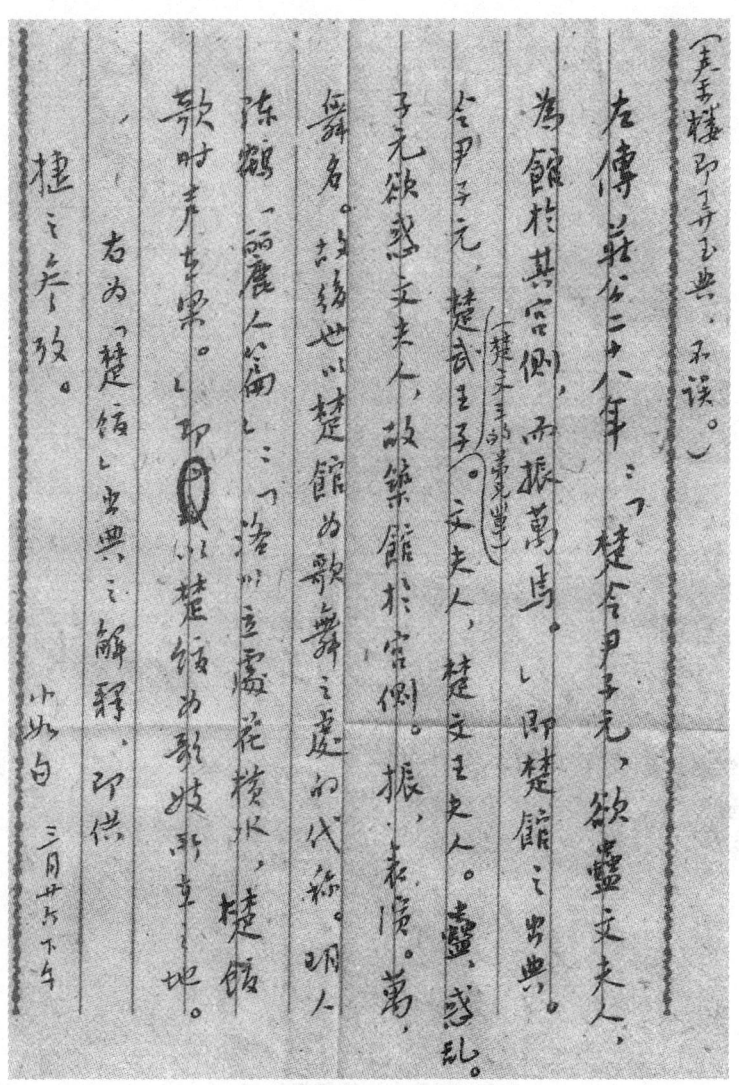

1962年吴小如致钮骠信函

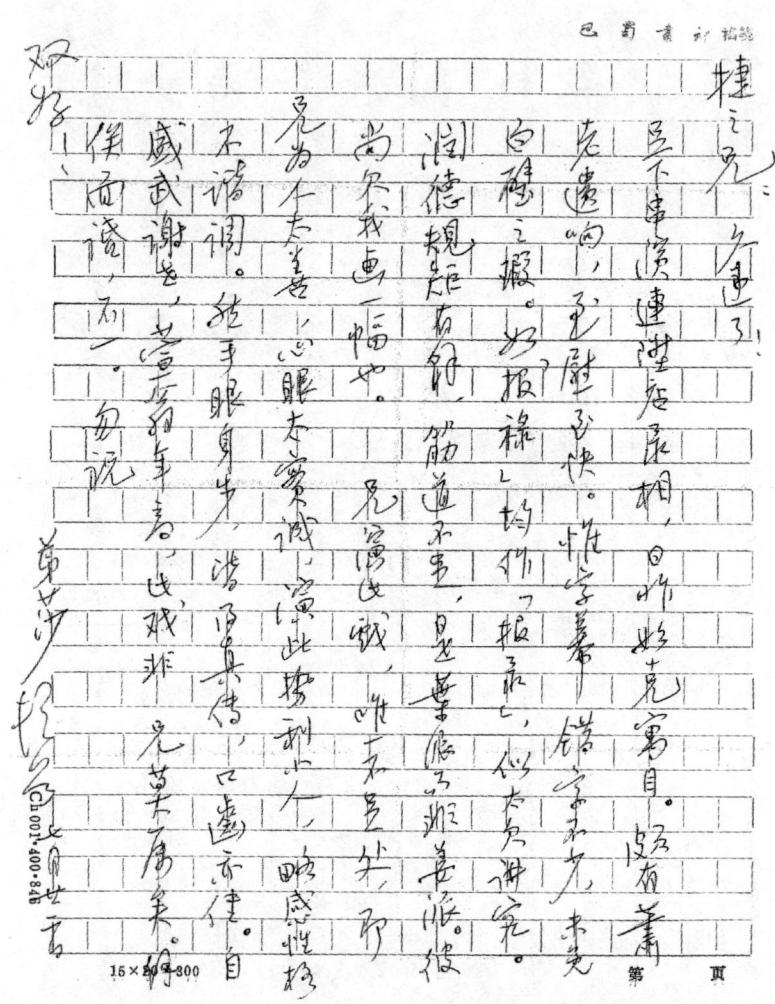

1986年吴小如致钮骠信函

附 录

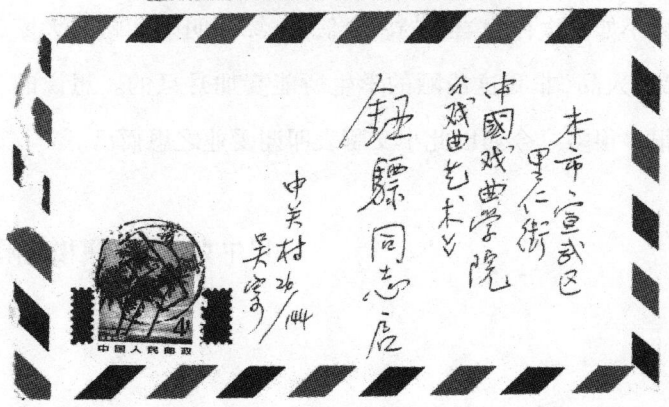

术享受的愉悦，相互契合，协调一致。积年累月，久久为功，才能得到准确的顾曲标尺，臧否有度，优劣分明，决非浮光掠影、浅尝辄止、跟风趋时、隔靴搔痒所能奏效。

先生是把研究传统文学的治学方法与研究传统戏剧学的鉴赏方法融为一体，骛博趋精，互为作用而后生成真知灼见。愚以为，这也是吴师与曾复、家潃二公研究戏曲各有千秋的一面，值得现今吾辈评戏者加以研索。

旧日，研读先生的撰述，偶见略有欠妥之处，每以刍荛之言奉告，先生都有中肯的回馈，在著文中认我为"诤友"，甚至说"做他的老师绰绰有余"，这太折煞晚生之辈了。每次读到这些谦词，都心神不安，愧疚难当，实在不敢承受！学生就是学生，尊师重道的学生。这只能说明先生的谦和大度，虚怀若谷，师德昭昭，让人愈加钦敬。我愿藉此，申明此衷。

吴小如先生作为当代的十全儒者、绛帐明师和顾曲大家，老师的文品、人品，非我这浅陋的学生所能妄加月旦的。想说的、该说的话很多很多。今谨以此小文聊表叩谢受业之恩而已。

甲午夏日于望巢楼晚晴书房

附 录

平生无愧真君子
——悼念吾师吴小如先生

吴书荫

5月12日上午,学长彭庆生来电告诉我,昨天晚上19时40分,吴小如先生走了,享年92岁。记得前几天我刚到曦锺学兄那里,取回吴小如先生赠予的获《诗刊》"子曰"诗人奖的新书《莎斋诗剩》,怎么就猝然长逝?不禁悲从中来。下午吊唁归来,一直沉浸在往事的回忆里,先生的音容笑貌、谆谆教诲,都历历在目。

1957年夏,我从安徽一个县中考入梦寐以求的北大中文系。九月开学后,正好赶上吴同宝(小如)先生开了一门基础课,即"工具书使用法",这是我们五七、五六、五五三个年级同学必修的公共课。当时先生35岁,已是著名的学者。他年富力强,两目炯炯有神,嗓音洪亮有力,一下子就把大家吸引住了。他学养深厚,知识渊博,又擅长讲课,将令人乏味的工具书课讲得生动有趣。一个可容纳二三百人的大阶梯教室,不仅坐得满满当当,而且都在聚精会神的听讲。此情此景我还是第一次感受到。为了让我们学好这门课程,每个年级都配了助教。系里还在文史楼二层辟了专门阅览室,陈列各种文史工具书,如《说文解字》、《康熙字典》、《联绵字典》、《骈字类编》、《佩文韵府》、《诗词曲语辞汇释》以及类书《艺文类聚》、《太平御览》、《通典》和引得等。真是琳琅满目,大开眼界。记得第一次布置作业,先由助教倪其心先生辅导我们查工具书,注释谭嗣同的绝笔诗《狱中题壁》,然后再由吴先生讲解这首诗。"工具书使用法"这门课,不仅指示门径,而且"津逮来学",使我在学习和工作中获益匪浅。

1964年据周恩来总理的建议,原北京艺术学院的音乐系与北京音乐研究所合并,成立中国音乐学院,而它的表演系拟并入中央戏剧学院。系主任吴雪(中国青年话剧院院长兼任)想在以梅兰芳为代表的戏曲表演体系基础上,吸收苏联斯坦尼斯拉夫和德国布莱希特戏剧表演优点,走出一条培养新型话剧表演人才的道路。因此,经北京市教委同意,表演系与马连良任校长的北京市戏曲学校合并,成立北京戏剧专科学校,下设中专(戏校)和大学(表演系)两个部。这年四月我调到表演系工作,先教六四级的语文,系领导计划以后开设"中国戏曲史"课程,让我先做一些准备工作。

当时我虽在城里工作,但和留校任教的同窗仍然联系不断。听蒋绍愚学兄说,吴先生为中文系同学新开了一门"戏曲研究课",我很想去听课,可是同我的教课时间正好撞车,况且往返也很不方便。只好托他帮我搞来一份吴师草拟的"戏曲研究参考书目"。表演系从北京艺术学院分出来后,先搬到东城区国子监街孔庙。隔壁就是国子监，当时辟为首都图书馆。因为我还未成家，住在大成殿后院的单身宿舍里，这是由通往崇圣祠的廊庑隔成一间不满九平方米斗室，既办公又睡觉。授课之暇，便钻进首图，按照吴先生开的书目看书。孔庙离王府井和隆福寺很近，东安市场和隆福寺街古旧书铺林立，有时就去那里淘旧书。现在我的书架上，那些纸质发黄的戏曲书籍，如古典戏曲名著、戏曲史论、戏曲史料和目录等，几乎都是那时购置的。吴先生自幼嗜好京剧，一生看过一千五百多场戏，会四十几出戏码，能粉墨登台，是北京著名的票友；又是造诣高深的剧评家和戏曲史研究者。因此，他特别强调，研究戏曲史除掌握文本文献资料外，还要多看戏，关注舞台表演艺术。在他所开书目中，就列有北京市戏曲编导委员会编辑的《京剧汇编》（收录马连良、郝寿臣、李万春等名家所藏的演出本）。

　　我在校读书时，未赶上吴先生开的戏曲史方面的课。但昆曲传承在北大有悠久历史，早在 1917 年，校长蔡元培就聘请曲学大师吴梅到北大教授昆曲。1922 年，吴梅先生南下到东南大学任教，推荐著名曲家许之衡先生以自代。从此爱好昆曲的风气一直沿袭下来，记得在校时，凡中文系举办的新年联欢会上，都能听到小如先生的京剧清唱，朱德熙先生撅笛、林焘先生唱昆曲，我们陶醉在优美动听的乐曲声里，无形中就受到潜移默化。1961 年，中山大学王季思（名起）先生，接高教部通知，由广东借调到北大，参与编撰四卷本的《中国文学史》。中文系领导趁这个难得的机会，请吴梅的高足王先生,为我们五七级文学专业同学讲了《元杂剧》课。他是浙江瑞安人,用带有浓厚乡音的普通话讲课,兴味盎然,使我萌发对戏曲的喜爱。1962年秋季毕业后,我和同窗涂元济兄常结伴去看演出,欣赏过昆曲大师俞振飞的《太白醉写》、著名演员侯永奎和李淑君的《千里送京娘》、白云生的《墙头马上》和《绣襦记》等。也看过京剧泰斗马连良、谭富英与张君秋、裘盛戎等联袂演出的《秦香莲》。

在表演系任教时,正赶上华东、华中、华南、西南和西北等大行政区举行戏剧汇演,于是一个接一个剧团进京汇报演出。市文化局委托表演系组织同学去剧场服务(为中央、市属和文艺界领导安排座位),同时也和学生的观摩课结合起来,一举两得。常由我和有关表演老师带领学生去剧场。从1964年到1966年年初,在将近两年的时间里,我几乎每一场观摩都去,当时主要看新编古装戏和现代戏,也看传统的京剧和各地地方戏,甚至话剧、歌剧和舞剧也不放过,我也快成"戏迷"了。有时我还到孔庙大殿前的月台上,观看学生上形体课,由富连成科班"韵"字科的朱韵德老师讲授和训练,使我多少懂得一些戏曲舞台表演身段和程式,对理解剧情和人物塑造非常有帮助。

正是遵照了吴先生多读书多看戏的教导,使我对戏曲的基本文献和舞台表演艺术有所了解。"文革"后,我才能顺利考取了中国艺术研究院"戏曲理论和戏曲史"专业的脱产研究生,从师张庚先生研习戏曲史。毕业后，留在戏曲研究所新建立的戏曲文献研究室工作。

我走出北大校门后，与吴先生没有交往。1973年，北京语言学院迁到北京矿业学院复课，我和内子先后调到该校工作，家也由城里搬迁过来。因为离北大比较近，常去看望留校的同窗，有时在曦锺住处见到小如先生，这才有机会亲聆他的教导，并向他请益。

1986年11月，文化部、中国戏剧家协会、中国艺术研究院、江西省文化厅联合举办"纪念明代伟大戏剧家汤显祖逝世370周年活动周"，我被组委会抽调去参与筹备组织工作，主要负责学术讨论。10月22日，我去北大吴小如先生寓所，请他大力支持，他满口应允。于是便见机行事说，赵朴初老是北京昆曲社主委张允和先生（周有光先生的夫人）的表兄，组委会想请赵老为纪念活动题曲或赋诗，张先生正在联系；著名的京剧史论家许姬传老也表示题一首七绝，再写一篇短文。我抬出赵、许二老的用意，是想托先生请俞平伯老出山。因为前两天，我去三里河南沙沟俞府，还未谒见俞老，就遭到他令嫒挡驾。先生说平伯师年届米寿，自师母过世后，身体每况愈下，谢绝一切社交活动，就不要勉为其难了。先生对恩师关爱有加，而话语又是如此恳切坦率，使我感到自己太唐突，考虑欠周到。告辞后，便骑车直奔北大附中二号楼，去北京曲社副主委楼宇烈先生家。

24日吴先生接来信叮嘱："我指导的日本留学生西井尚子也已

同她打过招呼,他愿意出席。但她更希望不放弃任何一场演出。请柬可由我转。"为了向海外华人宣传这次纪念活动,让我与周侗学长联系(周侗比我高一级),当时他是《华声报》的总编辑,怕我找不到他,给了两个电话号码。如果他到广州出差还未归来,吩咐我再找吴女士帮助联系。先生向来办事,就像他治学一样,极其严肃认真,即使小事也一丝不苟。这就是老一辈学者所恪守的做人之道,让我肃然起敬。

11月20日上午9时,在政协礼堂三楼大厅举行开幕式及南京制片厂戏曲片《牡丹亭》首映式。由美国专程来京的曲社海外社员张元和(昆曲名伶顾传玠的夫人)、张充和(德国汉学家傅汉思的夫人),在大会上致辞,并与张允和一起敬献花篮。21日至23日上午9时,在礼堂东厅举行学术讨论会。下午自由活动。晚上观看演出,有江苏昆剧院的《还魂记》(下集:《拾画》、《幽媾》、《冥誓》、《回声》),北方昆剧院的《牡丹亭》(由《训女延师》演到《海生还魂》);苏昆、北昆、浙昆(即浙江昆剧团)联合演出的折子戏,如《南柯记·瑶台》、《紫钗记·折柳阳关》、《牡丹亭·寻梦》以及江西省赣剧团改编的赣剧弋阳腔《邯郸梦记》。首都各大报纸对这次纪念活动都作了报道。

吴先生和日本留学生西井尚子参加了开幕式和第一场学术研讨会。事隔一个月后,在12月30日《华声报》头版"客座论坛"专栏,刊登了他的《汤显祖与迪科斯》。一看标题,我就知道是针对弋书荫同志：你好！

前两次惠书，俱读名慰。今有数事相恳。我现在受教育部及北大委托，为美国芝士顿教授（原名 David Johnson）任导师，搭戏曲。他搞样研究受影戏，听吴晓铃先生介绍，你们研究所南京图书馆藏有当年北平图书馆存纽约十余种幼儿皮影剧本（藏三十年代所目录卷下第三类"影戏画记"，请代查询，有无这批馆藏书中间亦有皮影剧本，不悉他处藏书著录是否已归文化部。请代为打听。为来先他们院图书馆。你到下层多。此是二。我也因中有一位吴春礼同志，他同他是谁人？他们本来公务藏书，倚认识者，不知他多？请帮我联系，此是三。有唱片，我想借录几张，有法，吩无时赐寄名履。每天天，祝 身安！

小如拾乙鱼二六

樱石！
吉安唱片，我想借录几张，不知去北京侧当播也去云。

阳腔《邯郸梦记》而发的。我印象中这个剧的演出安排在最后一场,上演的当晚,剧场里就有观众窃窃私语,流露出失望和不满;散场回到招待所,外地的与会者当我的面批评。由于我当时的身份,又与赣剧团长兼艺术指导刚见过一两面,碍于情面,不便于表态。吴先生则直言不讳,笔锋犀利,尖锐辛辣地批评此剧:

> 改编本最大的失之处,乃在于把一部杰出的古典名剧改成了不中不西、不洋不古、完全丧失了民族和地方特色的所谓"赣剧"。……赣剧是保留了五百年来高腔系统的古老剧种之一,其最大特点便是在演员歌唱时无伴奏的帮腔。而这次演出,不仅唱段有电子琴及其他西洋乐器伴奏,而且无论男女声,一律用洋嗓子唱洋歌的方式帮腔,这就令人产生了是中国民族传统戏曲还是从西方引进的歌剧变种的怀疑。再加上满台激光飞舞,观众眼花缭乱。……
>
> 令人最难忍受的,一是全台演员振臂高呼"万寿无疆"(这一场面真应送到"文化大革命"博物馆中永远保存);二是满台披着透明纱衣少女与戴发绺、挂髯口的古装老生共同在"蹦嚓嚓"的伴奏下跳着不伦不类的迪斯科。这不是纪念汤显祖而是在出他的洋相。(引自《吴小如戏曲文录》"台下人新语")

先生虽然未在研讨会上发言,但这篇短小精悍的看戏随笔却振聋发聩,掷地有声,比起长篇大论的会议论文更有分量。我觉得它应当是这次纪念活动周的一大亮点。他对我们筹备组织工作的鼎力支持,我当永远铭记于心。

吴先生一直关注古典戏曲名著的改编,他强调要尊重历史,尊重原创剧本,遵循戏曲的表演艺术规律。1982年10月汤显祖逝世366周年,他撰写了《关于〈牡丹亭〉的几件小事》,初稿先刊载江西省文学艺术研究所编《汤显祖研究论文集》(中国戏剧出版社1984年5月版),后修订补充,与前稿有所不同,改题为《关于〈牡丹亭〉札记三则》,重新发表于《学林漫录》十集(中华书局1985年5月版)。这篇文章的第二节"关于《牡丹亭》改编及其他",开宗明义就指出,"汤显祖生前一直不同意别人改动他的《牡丹亭》,可是改编者始终层出不穷"。针对当时南北各剧院、剧团改编《牡丹亭》的现状,先生指出改编者不熟悉我国传统戏曲的做法,往往以杂剧之手法来改编传奇剧目,"由于力求删繁就简而不免轻重失调,顾此失彼"。如改编本"凡保留原作面目之处多精彩动人,凡由今人增补或改写之处,则显得逊色,至少是不成龙配套"。因为"今人既要改编,自难免强古人以就我",吴先生特别忧虑和担心:"如果一面要迁就原作,一面又要迎合时代潮流,终不免新旧杂糅,格格不入接榫处总要留下斧凿痕迹。其甚者则改变主题,面目全非,徒存躯壳,或以旧瓶盛新酒,或以幽灵着时装,反倒容易产生吃力不讨好的后果。"

未料到数年后,汤显祖的江西后人所改编的赣剧《牡丹亭》被言中。戏曲艺术是中华文化的瑰宝,如果打着冠冕堂皇的"改革""创新"旗号,照此方式将会越改越离谱,先生心急如焚,藉热爱我国传统文化的外国留学生之口批评道:"希望中国古典戏曲不要抛弃优秀传统而沿着这条自取灭亡的所谓'创新'的道路走下去。"表达了对传统戏曲艺术充满深厚感情的老剧评家和戏曲史研究者强烈的忧患意识。

吴小如先生襟怀坦荡,甘于清贫,他认认真真教书育人,认认真真治学看戏,是对古典文学和传统戏曲具有极高造诣的大学者。他不仅是"乾嘉学派最后的守望者",也是传统戏曲文化的最后守护人。

附　录

吴小如：可敬的"学术警察"

温儒敏

从报上得知吴小如先生于5月11日去世，很是悲痛，心里顿时感觉被掏空了似的。北大文科中"20后"或者比"20后"更年长的一代学者，已先后离去，像吴先生这样极少数称得上"大师"的，几乎全都谢幕了。

吴小如先生是"杂家"，专著不多，可是面广，古典文学、文献学、戏剧学都有很高造诣。现今学术分工极细，搞先秦的不一定熟悉唐宋，搞小说的也许不懂诗词，可是吴先生教文学史能从"诗经"讲到梁启超，且大都有其心得，学生自然也喜欢他的课。先生还有"绝活"，就是京剧，八十多岁还登台唱戏，是京城有名的"高级票友"。何谓"高级"，他既有京剧的艺术修养，又精通古典戏剧史，能进能出，常有戏剧评论发表。他的评论不是高头讲章，不见得能登载"核心期刊"（那时也没有这名堂），却能叫梨园诚服。如此兼通的学者，现在到哪里去找？

说来有些可惜，吴先生在北大是受了委屈的。"文革"结束后北大重新评定职称，当时"积压"的人才多，像吴先生这样年过半百的"老讲师"不少,都等着晋升。据说吴先生虽然是"杂家",但也还是被"看好"的,在中文系的评审会上就给他"破格"提升教授了。名单报上去,不料教育部临时减少了北大的名额,校方就把吴先生给"卡"下来了。因此,吴先生愤而离开中文系,要去中华书局。校方出面挽留,把他留在了历史系的中古史研究中心。吴先生在历史系是很寂寞的。每当中文系的老学生回校聚会,都会把吴先生请来,他兴致很高,说起往事来滔滔不绝。先生在历史系没有当上博导,也没有文学史戏剧史方面的及门弟子。这的确是遗憾的事情。

不过吴先生始终活跃在北大文科。他对于学术是有些苛严的,遇到不良学风,比如古籍校勘出了差错,"明星学者"信口雌黄,或者抄袭剽窃,等等,他都会"多管闲事",不留情面提出批评。在这个日益浮泛的环境中,吴小如直言不讳的批评声音会显得格外"刺耳"。但吴先生对事不对人,我行我素。于是一顶"学术警察"的帽子便落到他头上。吴先生说:"有人称我'学术警察',我不在乎。"

也许吴小如先生也意识到有些苛严,曾给自己"自画像"这样说:"惟我平生情性褊急易怒,且每以直言嫉恶贾祸,不能认真做到动心忍性、以仁厚之心对待横逆之来侵。"吴先生容易受挤兑碰钉子,可能也与此有关吧。但无论如何,"学术警察"还是有益于学术生态的,现在像吴先生这样认真、严格的学者是越来越稀罕了。

2008年北大中文系纪念吴组缃先生百年诞辰,在勺园召开一个纪念会,来了很多学界名流。我主持会议,把吴小如先生请到主席台。吴先生发言时突然离开会议主旨,痛批中文系的学风,让人有点坐不住了。我知道先生的批评是对的,况且他对中文系也的确"有气",就由他说个痛快吧。果然说完了,他也就谈笑风生了。

　　最后一次见到吴先生,是去年,在校医院。见他老人家微微颤颤,怕打搅他,我在犹疑是否该上前请安。他却几步之外一眼就认出了我,问我"听说去了山东大学?"老先生90高龄,病痛缠身,还那样耳聪目明,信息灵通,不时关注着中文系和后辈学生。现在想来,心里还是酸酸的。

忆恩师

——敬悼恩师吴小如先生

李汉秋

惊悉小如先生仙逝,坐卧不宁,赶到他家设的灵堂,看到已有党和国家领导人送来花篮。我在先生遗像下不忍离去,先生的音容笑貌浮现眼前,往事历历在目。

我1955年夏入北大中文系,第二学期开始上主课"中国文学史",先秦一段主讲是游国恩先生,用的教材"先秦两汉文学史参考资料",不仅所选作品精当,而且训诂、典故、背景、作者身世,都详赅而不繁,有的还选列不同注解和评说,以启发鉴别和思考,大家都爱不释手。有老师告诉我们把这本教材读透了,古典文学基础也就打好了。确实它是我们学习文学史的津梁,随我屡迁,珍藏至今已60年。此书后来由中华书局正式出版,津逮学界。而编这本教材的主力就是当时的讲师吴同宝先生。我们都很敬佩这位不署名未见面的老师。直到1957年上学期这门主课上到宋元段了,主讲的就是这位吴小如先生了,我们才亲聆他的讲授。亲炙之下,深切感受到老师学识渊博,功力深厚,而且教学认真。认真到亲自检查学生的课堂笔记。这在当年大面积的本科生教学中实属罕见。我的字本来就不好,加以速记潦草,他竟然能劳神费劲地细阅。我把"塑"字右上角的"月"写成"欠",他都查出来了并加以批改。他自己治学扎实严谨,也就重视学生的基础训练和基本功培养。嗣后我当大学教师时,就没能这么认真批阅本科生的课堂笔记,研究生论文中的错别字我倒认真批改了,可是人家也没有像我这样记忆终生,指出的错误下一次仍然重现。

1978年甫恢复评职称,我被破格越级评为副教授,先生为鼓励自己的学生,撰书楹联赠我:

"江汉流终古,春秋集大成。"

1980年我任安徽省古典文学研究会副会长伊始,就倡议并协同有关单位筹办了于次年召开的纪念吴敬梓诞辰280周年学术讨论会,那是纪念吴敬梓的1954年大会之后的第一次全国性学术活动。我请吴先生指导。他很快写了《(吴敬梓研究中)两个没有很好解决的问题》寄来。先生有朴学功底,治学重视资料文献等基础性学术工作,注重义理、考据、文章兼备。1984年拙作《儒林外史研究资料》、《儒林外史会校会评》出版,他鼓励说:《儒林外史》的重要版本和资料文献你确实都掌握了,做学问就要这样做。可见这符合先生的治学思想。1986年他写下这样的评语:"治红学而重版本材料方面之人,如俞平伯、周汝昌,都是年高德劭学有成就的专家,李汉秋对《儒林外史》的贡献决不下于他们之于《红楼梦》。"

先生治学重独立见解,独辟蹊径,绝不阿附,绝不苟同。1998年初拙作《儒林外史里的儒道互补》发表,张岱年先生看后在《人民日报》和《光明日报》上赞扬说:"李汉秋认为《儒林外史》反映了儒道互补的思想潮流,塑造了一些兼具儒士、名士特色的理想人物。我完全同意汉秋的见解。"并说这"是非常深刻的"。小如先生虽也赞许,但有不同见解,仍在《人民政协报》上撰文认为:儒家思想中就包含有道家的因素(大意)。他的学术精神体现了真正学者独立不阿的风骨。

2007年我的部分文章结集,吴先生为我题写书名《李汉秋襄振传统文化实录》。后我又谒府请他改写为《李汉秋弘扬中华文化实录》。其时正有人来电求字,并说要提供"润笔"。他一口婉拒。我在一旁说:您推掉人家的,却耐心为我题。他郑重地说:"那不一样,咱们是道义之交。我不以字贾利。"确实,书法行家多谓吴先生书法绝不在那些名家之下。可他矜慎不传。他不仅广博多艺,而且在相当多领域造诣精深。戏曲又是一例。他在梨园界的威望不在学术界之下。我也略涉戏曲史,拙著《关汉卿名剧赏论》赠他,他很高兴,回赠《京剧老生流派综说》。

2011年纪念吴敬梓诞辰310周年,由中国《儒林外史》学会(筹)与全椒县委县政府合作举行学术研讨会,老中青三代学者近百位齐聚吴敬梓故里,我们重组了中国儒林外史学会。我代表同仁造府恭请他出任名誉会长。他慷然允诺,并说:我也是"安徽吴"

呀！才过三年，今年是吴敬梓逝世260周年，我们正筹办纪念学术活动，可是再也请不到这位大师了！我们只好在纪念吴敬梓的大会上同时纪念这位一代名师。

附 录

昔日有个三大贤

柴俊为

5月11日,吴小如先生去世,刘曾复、朱家溍、吴小如的京剧评论界"三贤"时代结束了。

三位耆宿都在望百之年从容而逝,这应该是被坦然接受的。就如朱先生的女儿朱传荣所说,自己所敬所爱的长辈终于能够摆脱病与衰弱的困顿,反而觉得少许的庆幸与安慰。

三位先生在各自的学术领域都有大作为,却深深地痴迷于京剧,在行外下的工夫不逊于正行本工,这才成就了他们在戏曲研究上的专精与博学。他们曾生活在京剧的鼎盛时代,并大受其益,又反哺于后辈晚生。也正是因为如此,三位先生辞世留下的除了悲伤,还多了份惆怅与无奈,戏曲式微是大势所趋,文人雅士与梨园伶人互为良师益友、相映生辉的年代,也许一去不复返了。

尽管知道吴小如先生已经92岁高龄,近年又长期抱恙,可是5月11日晚上传来吴老去世的消息,我仍感十分意外。最近这几年,每次去看他,临走时我总说:"下次来北京再来看您!"他好几次都接一句:"希望你下次来我还活着!"我常说:"您一定会活过一百岁!"其实,这是我的真实感觉。因为每次去,吴老除了没以前那么声音洪亮,慷慨激昂之外,他的谈兴之浓,记忆之强,精神之足,一点没变。

一夜之间,我们《绝版赏析》栏目四个学者顾问王元化、朱家溍、刘曾复、吴小如全都离我们而去……

2001年10月,上海重新整合了戏剧频道,让我做《绝版赏析》栏目制片人。我们给这个栏目定了句广告语:"开启尘封的声音,钩沉百年京剧的历史。"我去跟恩师王元化先生说了这个构想,希望他给我们当总顾问。王先生晚年对电视文化的状况大有看法,一再表示自己不上电视,不给电视节目挂名。可能我们的想法还比较合他的意,他竟然爽快地同意了,第一句话就说:"你去找朱家溍、刘曾复、吴小如他们来讲。"我们自然遵命,请三老做了我们最早的艺术顾问。

说起来,三老的"本工"都不是戏曲,朱老是故宫博物院的研究员,专长明清史和文物鉴定;刘老是首都医科大学的教授,是我国第一代生理学家;吴老是北京大学历史系教授,他的专业是文史。但是,他们有一个共同的特点就是嗜戏如命,到了生命的最后时刻也放不下他们爱了一辈子的京戏。

在我的印象记忆中,与三老的最后一面,没有一个是离开戏的。

2002-2003年,吴老一家曾迁居上海。我们近水楼台,抓住吴老做了很多节目。每次录完像就去青海路上的一家饭馆吃饭。饭店附庸风雅,每块屏风上都印着唐诗宋词之类,有一回我们正面对着"那人正在灯火阑珊处",吴老吩咐叫经理来,问他:"你知道什么叫'灯火阑珊'吗?就是灯都快灭了,你这生意还火得了吗?"经理连说我们换掉,我们换掉。下周又来,不巧又坐那位置,"灯火阑珊"依旧!吴老连唤"酒保酒保!"经理无奈,赶紧把我们换到"君不见,黄河之水天上来"的屏风下,这才无话。

三老中,吴老最年轻,吴老的戏评戏论是我学习戏曲的教科书。《台下人语》、《京剧老生流派综说》等,都曾反复研读,我相信我们这辈喜爱京戏研究评论的人,很多都受到吴老著作的启迪和教益。吴老年轻时,曾向谭、余两派的名家夏山楼主、王端璞、张伯驹等请益。1961年,夏山楼主录制《李陵碑》、《鱼肠剑》等唱片,吴先生不仅是策划人,还在剧中配唱杨延昭、姬光等"里子活"(指主要配角)。2002年,我们举办《绝版赏析》周年庆晚会,吴老兴致勃勃唱了一段《蟠桃会》。先期录音时,吴老说,让我听一遍,听完他笑着自嘲:"整个儿一里子味!"

三老中,吴先生在《绝版赏析》中讲述最多,一来是他曾一度迁居上海,给了我们极大的方便,二来是吴先生自幼酷爱京剧唱片,对讲述唱片中的人和艺特别有兴趣。2009年,他患病后,行动不便,我们不敢再劳动他,每次去北京录像时就去看他。2010年,我们要做《小生三虎:姜妙香、俞振飞、叶盛兰》专题,吴老主动请缨要讲。因为他跟"三虎"都有交往,尤其和叶盛兰有很深的交谊。录像那天,吴老的学生贯涌老师、还有朱传荣老师、梅兰芳先生的外孙范梅强兄等都来到现场。

《小生三虎》采访后,剧组与吴老合影,陈一鸣摄

可惜的是,后来吴老在家中不慎摔倒骨折,几乎难以下楼就再也不能来录像了。

近两年,我们的节目由周播改为季播,去北京的次数减少了。最后一次见吴老,是去年陪山东文艺《老唱片》丛书的主编、副主编和责任编辑去拜访吴老,请吴老做顾问。聊着聊着,吴老又聊到戏上去了,说起王珮瑜,我说珮瑜现在有意识地寻找余叔岩"十八张半"(余叔岩传世的十八张半唱片,被认为是京剧须生演唱的范本)以外的东西,一年来向上海的余派研究家李锡祥先生学了《朱砂痣》、《秦琼卖马》、《南阳关》和《芦花河》。吴老听到《朱砂痣》大感兴趣,忙问是什么路子?我说,李先生跟您一样也是跟夏山楼主学的,是陈彦衡的路子。我说,本来李先生要教我《取帅印》,我觉得先生同时教两出太累,所以我也先学了《朱砂痣》。于是,吴老就跟我对起二黄原板的腔来。后来觉察晾了一屋子人有点不好意思,他关照我:"下次你一个人来,全部给我唱一遍,我跟我学的对一对。"

不料,我今年还没机会到北京,吴老就故去了……

朱老从青少年时期开始就痴迷杨小楼的艺术。他学杨小楼的唱念几可乱真,他对此很自豪。"我从记事起就看杨小楼的戏,直到他1938年去世为止。在这个时期内,他一出戏演过多少次,我就看过多少次!"杨小楼有一张扮关平的剧照,梅兰芳评价它是武生身段边式、漂亮的典范。朱先生自己照了一张仿杨小楼的照片挂在客厅里。我们做节目时,把两张照片放在一起,朱先生看了大为高兴。名武生奚中路去看他,朱老特地放给他看,并且说,"你看看,我的照片能和杨小楼放在一起!"欣喜之情溢于言表。

不幸的是,我们的节目开播当年,朱老就查出癌症。朱老的女儿朱传荣老师对如何尽孝有自己的理解,她认为应当让老人在生命的最后时刻做他自己喜欢的事情。想来朱老是认可我们把音图

附录

2001年12月朱家溍为奚中路说戏

等各种文献整合起来解析京剧艺术这个创意的,因此2002年10月份,他坚持抱病来给我讲了陈德霖的《虹霓关》、《彩楼配》和杨小楼的《骆马湖》。我们回沪不久,朱老还给我打电话,建议我们给李连仲、王长林的《五人义》唱片配像,他还仔细地给我讲了怎么弄服装。可惜,因为一时找不到合适的演员,这个节目终于还是没做成。

最后一次见朱老,他已将到生命的最后时刻了。我给传荣老师打电话,说是想问问《骆马湖》配像的事。传荣老师说:"来吧!想问什么赶紧问!"我们大约一小时赶过去,朱老已然睡着了。传荣老师说:"他现在隔一会儿就要充充电。"我们在客厅等了一会儿,朱老醒了。我见他被病魔折磨得形销骨立,心中很不好受。可是朱老一听说"杨小楼"、"骆马湖",立刻来了精神头,连唱带比划,把杨小楼的《骆马湖》从头到尾拉了一遍。

刘老与朱老同庚,曾经是梅兰芳、余叔岩创办的"国剧学会"最年轻的学员之一,他的脸谱艺术受到过梅兰芳的高度评价。刘老是老生名票,留下的说戏录音有100多出,同时,刘老也是杨小楼艺术的崇拜者。2002年,我们请刘老到上海录节目后,一起去拜访王元化先生。闲谈中,刘老说起在电视里看了奚中路的《铁笼山》,刘老对我说:"中路不是外人,你转告他,他这个跟杨派有很大距离。"元化师是急性子,说:"你现在给他打电话问问有没有空,请他过来啊!"奚中路的好学是出了名的。王先生那时住在衡山宾馆,离他住处不远,他接了电话就骑车过来了。刘先生当场就给他说了这出杨派《铁笼山》。

刘老高寿98岁,最后10年在《绝版赏析》留下了大量的口述资料,每年都要录好几回,可是没想到,最后一次的一个意外,真使我不知如何面对刘先生的在天之灵。

刘老曾说:"朱家溍、吴小如他们都严肃,我是随便。"刘老能聊天,又会聊天。有一段时间我在网上跟一些小朋友说"粉戏"玩,有人到刘老那儿学舌,说我喜欢打听"粉戏"。最后一段日子,我每次去,刘老就会主动跟我聊粉戏,连杨小楼与余玉琴怎么演《画春园》都主动告诉我。直到最后一次,刘老心里一定很不愉快,可还是跟我聊了田桂凤。平时,我去预约做节目,总是先聊聊闲篇。不用多寒暄,刘老就会主动问:"有什么好消息?"他管做新节目叫"好消息",或者干脆"有什么任务"? 这样10年下来,最后一次,他的"有什么任务",我却没有接好……

2011年冬天,我们要做"前后四大须生"专题,我照例跟刘老电话预约,把采访提纲事先特快专递过去。到了北京,我一打电话,家属告诉我,刘老身体不好,不能再工作了。直到我比较熟悉的刘老三女儿告诉我:"你知道他得的什么病吗? 是食道癌!"我听了脑袋"嗡"的一下,简直不知怎么应答。

为了模糊掉采访的事,我特意约了传荣老师和李舒女士一起去看刘老。没寒暄几句,刘老就来了那句"你有什么任务",我只能说,没任务,就是来看看您。我明显觉得他脸上有一丝不快。聊了几句当年在后台,钱金福让他去看田桂凤的事,刘老再次问我:"这回有什么任务?"我还是说"没任务"。刘老不高兴了,"我好好的,没病没灾!"连说两遍。我知道,刘老这时候仍然不想别人把他当个病人看,说戏谈戏依旧是他最大的兴趣。可是,他毕竟年届九十七,又得了重病,我还坚持"任务",未免太不近人情了。可是,看着刘老的神情,我觉得,我一辈子都没经历过这么难堪的场面,趁着另外有人来看他,我们就匆匆告辞了。

转过年来,听说刘老住院了,我跟领导请了假,专程去看他。那天下午,他正要做一个埋管的小手术。我和王文芳大姐进门时,他女儿和护工正扶着他穿衣服。见了我们,他开口就是戏:"唉!这回真不行了!这都《独木关》了!"(按:《独木关》演的是薛仁贵带病枪挑安殿宝,出场时,由两个老军搀扶着,恰似刘老当时的造型。)

原载《北京青年报》2014 年 5 月 20 日

明日隔山岳，世事两茫茫
——吴小如先生忆往

李 舒

有一个时期，我真有点怕吴小如先生。

虽挨骂却还想多待一会儿

别的老先生，待人接物都很和蔼，小一辈的来了，都和鲁迅一样，男的给水，女的给糖。我有次参加某首长举办的堂会，座中俱是大腕名流，我只认得刘曾复先生，便惶恐地坐在角落里。刘先生主动走过来拉着我的手，说："今天我们爷俩做伴。""我紧张，不知道说什么。""哈哈，我也紧张，所以只会说好。"去给王元化先生读书，他也会请我们吃冰箱里的冰淇淋，一点也不紧张。惟有去看吴先生，说话总是不留情面。有次看他，问我最近学什么戏。我那时新学了《红拂传》的两段，得意洋洋地告诉您。

先生沉默两秒，对我说："叫我说啊，你这是走路不会，先跑起来了。把《三击掌》、《朱痕记》这种唱好了再碰新戏。"可是之后，您又告诉我，程砚秋唱这出戏，需有一个必要条件，便是侯喜瑞演虬髯公,"别人来,这戏就有点无聊。"吴先生是看过程砚秋的《红拂传》的,是上世纪50年代,在天津,"我主要是想看侯喜瑞,但看程先生最后那场,舞剑唱南梆子,唱完有一句'此一去再相逢不知何年',我当时想,这不就是杜甫诗里的'明日隔山岳,世事两茫茫'吗?当时,我就哭了。"

听先生讲这些,简直像听讲诗,虽然挨了骂,却还是忍不住,想多待一会儿,每次见吴先生,都是这种复杂心情。

写文学评论从不含糊

先生治学严谨,说戏亦如是,他常说"要有来历",便是这个意思。有次给我打电话,问我有没有看一本"周简段"写的《梨园往事》。电话那头听得先生似乎很生气,那时他刚刚脑梗出院,不宜动怒,便小心翼翼问来由,原来先生看这本书由梁漱溟、冰心两位作序,以为总是本有质量的好书,便托学生买来一看,结果发现里面硬伤百出,比如说出自《拜月记》里的"请医"一折是《三堂会审》里的戏,比如说《哭祖庙》被奚啸伯唱得"苍凄悲怨,如泣如诉",先生说:"明明这是汪笑侬的戏,这连你都知道,这什么专家?痴人说梦!"于是便查书,发现邓云乡在《文化古城旧事》后记"校后检讨"里说,他在1980年左右开始为香港《华侨日报》专栏"京华感旧录"写稿,几个撰稿人不分别署名,共用一个公用笔名"周简段",自言"周简段一多半是我邓云乡"。和先生说及,他说:"邓云乡不至于这么糊涂,恐怕还是别人写的。"他写文学评论,也从不含糊,如评老舍的《面子问题》:"不过作者在思想批判方面只是含而不露地略事点染,也可以说是'怨诽而不乱'吧。可惜对人物的描绘太穷形尽相,表现在舞台上怕要使观众肉麻,不能算作'乐而不淫哀而不伤'罢了。"如评巴金先生的《还魂草》:"也许这是作者写给少年读的一部作品,一百多页的文字终难免有铺陈敷衍之嫌,因而叙述上使人感到有点拖泥带水。虽说用书信体作为小说结构在题材的姿态上比较新颖,但其牵强处仍能一望而知,使人感到些许生硬。"评钱锺书的《写在人生边上》,虽然表扬"他有极似苏东坡、徐志摩两人充沛的文章气势",也老老实实说缺点,"则嫌于西洋文献征引过于繁富,对不懂西文的人来说则近于卖弄,而看过原文的人又难免认为贻笑方家"。

一副柔肠照顾老妻

先生看起来金刚怒目,照顾老妻,却有一副柔肠。2001年,清华90周年校庆,北大送贺联一副"水木清晖荷馨永播,九旬华诞棣萼同欢",是先生所作。吴师母非常喜欢,先生便另作一镜心,放在卧室柜上,直到吴师母去世,方才取下。陈熙中教授在《我的老师吴小如先生》回忆:"第一次跟先生在外面吃饭的时间地点以及吃的什么都忘记了,但有一件事却令我终生难忘:吃着吃着,只见先生对喜欢的一两个菜不再下筷子。我正纳闷时,先生说:'这两个菜留下来,给我老伴带回去。'我听后一种莫名的感动涌上心头,差点掉泪。"后来,吴师母因为帕金森症卧病在家,先生照顾,耐心妥帖,从无怨言。有次我去看望您,说李商隐诗,正说到兴奋处,只听得内室一声低低的"小如",吴先生赶忙温柔的答应着奔过去,那神情,我一辈子也不会忘记。

"怎么我的底你全知道"

先生痴迷京剧,但和我聊天,总劝我多读书,少唱戏,有次竟笑着开玩笑:"你看我,唱戏唱傻了,连个博导都没评上。"其实先生爱戏的程度,我们都望尘莫及。上世纪60年代,贯涌向吴先生请教古典文学,吴先生提出要向贯大元先生学戏,贯先生便有求必应。您的好友刘曾复先生早年从王荣山那里得知贯先生的箱底,便向吴先生暗授机宜。久而久之,贯先生警觉地问吴先生:"怎么我的底你全知道啊?"

吴先生说这个段子的时候,是在去年初夏。我和《绝版赏析》制片人柴俊为老师以及为《吴小如京剧唱腔选》编录唱词的姜骏博士一起去看望您。拿到CD的吴先生非常高兴,和我们聊了一个多小时,虽然声音不似从前洪亮,却思维清晰,博物强记,比我们这些后生晚辈都强。我们怕打搅您休息,便要告辞,先生还说:"没事你们再坐会儿,我一点都不累。"后来,我因为编写《绝版赏析》的专题电视片《荀慧生日记》,还几次请教先生,先生一一作答,还再三嘱咐我:"不要随便相信专家胡咧咧,凡事要有准谱。"没想到,冬日里的那个电话,居然成了和先生交往的最后记忆,悲痛之际,友人告诉我一则故事,朱家溍先生的女公子朱传荣有次陪朱先生去吉祥剧院,听何玉蓉老先生的戏。散戏时,吴先生很想和朱先生聊聊观后感,可自己要赶紧去平安里倒332回家,于是,朱先生慢慢骑着车,吴先生跟着一溜小跑,边跑边说,两位老先生像小孩一样可爱,现在,他们又可以在天堂里,一起看好角儿、听好戏了。

原载《深圳商报》2014 年 5 月 22 日

出人意料的吴小如先生

刘绪源

前一阵事忙,有一个来月没去单位。这天去了,在桌上翻书信杂志,忽见一个大信封,落款处写着吴小如的名字,不由一惊一喜。赶紧拆开,竟是一本新著:《莎斋诗剩》,作家出版社2014年2月版,内收小如先生自1939年至2009年间所写旧体诗二百多首。这真正出人意料!在我主持副刊编务那几年,与小如先生的交往相当频繁,他是"笔会"的重要作者,除书信不断,我还时有电话请教、组稿或问安。后来他因脑梗卧床,又多次住院,联系就少下来了。到今年,小如先生已实足92岁,没想到还有如此精美的新书出版,我真为他高兴。回家后,想着要认认真真写一封信,既表示祝贺,也问一问他的身体近况。不料信还没发出,就听到了他去世的消息。

细想与小如先生交往,至少已有二十多年。奇怪的是,无数往事都像发生在昨天,而且,好多事情里都有意外的成分。

第一次看到并记住这名字,还是在"文革"中。那时借到一本破旧的书:《巴尔扎克传》,作者署司蒂芬·支魏格,译者是高名凯、吴小如。我已经读过很多巴尔扎克的小说,也已知道了茨威格的名字,所以读此书时如获至宝。到上世纪80年代初,买到一本薄薄的《古典小说漫稿》,作者是吴小如。这就出乎意外:此人又搞翻译,又研究中国文学,这不是学贯中西吗?随即又在我工作的广播电台的资料室看到了他的《京剧老生流派综说》,这是非常专业的书,令我惊诧不已,立刻借回家,半懂不懂地读完了。此后在《文汇月刊》、《读书》杂志上不断读到他的文章,知道了他是北大教授,是俞平伯的学生,对于他学问的广杂沉厚,有了进一步的认识。后来我也调到《文汇月刊》了,知道编辑部里的人都很敬重这位作者,主编梅朵记不起他的名字时,会脱口道:"就是那个教授,那个北大的名人……"

我直接处理小如先生的稿子,是1990年初的事。在80年代末,《文汇月刊》亟须组一批新稿,我提出请施蛰存、黄裳、陈从周、夏仲翼、余秋雨等写谈书谈戏谈艺的文章,并立即向汪曾祺先生写了急信。汪先生十分仗义,没几天就写来一篇八千字的《马·谭·张·裘·赵——漫谈他们的演唱艺术》,使新辟的"谈艺录"专栏得以在1990年1月号开张。此文写了汪自1961年进北京京剧团后,耳闻目睹的马连良、谭富英、张君秋、裘盛戎、赵燕侠五大名角的唱功和故事,写得精彩纷呈。汪先生已是名满天下的小说家,他之撰文谈艺,让人眼界大开。但他在信中说,这次真是拼了老命,连夜写稿,血压也高了,让我一定下不为例。我当然唯唯诺诺,感恩不尽。意外的是，文章发表未久，正听得一片称赞时，小如先生写来一稿，指出了汪文的疏漏。吴文是书信体，题为《谈马补微——致汪曾祺》，所说的都是具体的戏目和演出上的问题，但一一举出了可靠的事实依据。吴文写法颇学究气，与当时以小说、报告文学、杂文为主打的刊物风格有点不合；但这种事事较真，在旁人不注意的细微处冷静探讨的态度，又透出一种学术的趣味，让我记起了《京剧老生流派综说》，暗暗有一种欢喜。可专栏刚开张，又怕对不起汪先生，我心中不免踌躇。为此还请教过黄裳先生，不料黄老一听就起劲，立刻说："这好啊，这要登，这有人爱看！"我说了我的顾虑，黄老道："没关系，汪曾祺不会在意。要谈京剧，当然是吴小如内行；汪曾祺，那是新文学家客串。"也许编辑部同仁也有相似顾虑，吴文延至5月号才刊出。记得文中有一处说到《空城计》中诸葛亮下场时向额头抹汗的动作，小如先生认为此种"洒狗血"动作，马、谭、杨（宝森）、孟（小冬）、李（少春）都没有，谭鑫培与余叔岩也不会有。我怕"洒狗血"三字伤着汪先生，便擅自删去了。当时排校还很粗糙，印出的刊物上还有两处缺字。小如先生虽事事较真，但他自己编过报纸，知道编辑的难处，所以一句话也没说。

我调《文汇读书周报》后，1996年上京组稿，第一次见到了小如先生。此前我在《文学评论》发表了论俞平伯创作道路的长文，拙著《解读周作人》也已出版，很想借机当面请教，潜意识里可能还想听几句好话。不料，见面寒暄几句，小如先生便单刀直入，很严肃地指着我说:"你说俞先生散文是晚明那一路,我觉得不对。过去我也是这样认识,俞先生不以为然。后来才明白,他师承的是六朝。"他对我稍稍分析了几句,随后便自责,说那时不知道我在写这文章,要是知道了一定会跟我说。对他的观点(后来知道北大的陈平原等也持此观点),我经仔细研究后,至今也未完全认同。可是小如先生的直率(这令人想到同学之间的直言),让我这个隔代的后辈心里一热,大受感动。这次见面很匆促,因吴师母长期生病,正在里间躺着。但他抓紧时间,说了好些我感兴趣的事。除了编报编刊的经验与建议、设想,他还说起知堂,说50年代初为俞平伯送一封信,曾到八道湾知堂家。知堂老人和他交谈了一会儿,其中有一句印象最深,是告别时的轻声叮嘱:"保全性命于盛世……"后来,知堂的几位学生,如俞平伯、废名、江绍原等,在1957年都未被"错划";小如先生心直口快,最易得罪人,竟也未"错划",我怀疑跟知堂的这类叮嘱是有些关系的。我问起俞平伯讲课是否过分散漫,小如先生尊师,不愿谈俞的不足或不是。(唯一的一次,是后来俞去世前,说了"高鹗续《红楼梦》有功,胡适、俞平伯腰斩《红楼梦》有罪",我不知如何理解这话,当面问过小如先生。他摆摆手,悄声道:"老人临去世的话,不足信。"这也很让我意外。)那天他转移话头,说起顾随先生:"顾先生讲课,那才叫散漫呢,一会儿说自己生病,一会儿说昨天腰疼,真是言不及义。一堂课眼看过去了,那天要讲的是辛弃疾。到了最后,才说起稼轩的豪放派,那是——

以健笔写柔情。就一句话,够了,一堂课就这一句,你的收获就不小了!"这让我听得入迷,虽不想走又不得不告辞。以后和小如先生交往大多如此,既充满意外,又大获教益。

小如先生给《文汇读书周报》和《文汇报》写了大量稿子,写给"笔会"的尤其多,在他脑梗卧床前,几乎所有文章都是投"笔会"的。道德文章俱在,本文不再赘言。不得不说的是90年代后期的一件事。当时小如先生常撰文批评他人下笔出错,有些话说得颇不留情面。那一次,是陈四益先生写来一文,指出小如先生谈四库全书时有一处硬伤。文章发表后,好多人等着看这位"学术警察"怎么应对,我也担心小如先生会有难堪。出人意料的是,不几天,我就收到小如先生来信,是一封供公开发表的信,对陈文表示感谢,坦然承认自己做学问不细,虽入行有年,须补的课仍不少,希望有更多同道今后监督帮助。我读后慨叹不已。陈四益先生到编辑部来时,也对此深表感叹,说事出意外,本以为老人家会寻理强辩,不料如此干脆,前辈颇不可及。等着看出洋相的人这下都不响了。此后,小如先生纠谬文章照写,口气照样尖锐。人们从他的文字中,看到了一位昂昂然不妥协的形象,既不对他人错误妥协,也不对自己妥协。在学界风气大变的今日,这虽有踽踽独行的苍凉感,却自有其高大伟岸,令人过目不忘的一面。

纵观小如先生一生,就是一个勤勉学人的一生。他是尽心尽责的教师,信奉张中行先生所说的"教师教",对自己的学生和世上万千作者读者，他都不忘教师天职，不能容一丝错谬在人间。于是他也一生不快，世途坎坷。但同时，他又是个充满情趣的艺术家，爱诗，爱戏，爱书法，爱学问。他的文章有自己的性情，虽有时火气略旺，却多有干货且耐人寻味。他晚年出了好多书，虽少有厚重专著，却也充分体现了他的多才多艺和学问功底。只因经历了过多的"运动"而又专注于教书诲人，以他的才学，本来还应有更大的学术贡献。他自己晚年也有过暗自的懊恼。

从性格上说，小如先生是正直到固执的程度，认真到较真的程度，坦率到常专注于你的得意处挑毛病，谈见解。我想，这就是他一下笔，一开口，常常出人意料的原因所在。他确有独到见解，所谈也别有深度，所以，有这种挑刺式的对谈，其实是一种幸福。可惜这幸福早已不常有了。我不知道今后世上还会不会出这样的学人。

原载《文汇报》2014 年 5 月 25 日

附　录

学者吴小如

舒晋瑜

2014年5月7日,我如约拜访吴小如先生。先生正坐在沙发上看书,见我进来,合上书页,清晰地喊出我的名字。时隔两年,我第二次探访吴先生。

"早上7点起床,晚上9点睡觉。一日三餐,可是吃得很苦。"先生说,因为咽不下去,喝水又总是吐,总是有痰,吃饭成了难题。本来右腿和右手就不灵便,前两年摔了一跤,左腿骨折,至今腿里还有钢钉。如果保姆不在身边,他连电话都无法接听。

从中学教师、大学助教到教授,吴小如先生的课一直十分"叫座"。因为他"嗓音洪亮、语言生动、板书漂亮(沈玉成《我所了解的吴小如先生》)"。现在的吴先生,说话显然有些费力。

即便如此,我提出拜访,他毫不犹豫地答应了,因为我们之前见过,已是"老朋友"。我清楚地记得,上次见面,吴先生送我《吴小如手录宋词》时,用有些不听使唤的右手为我签名,并说:"认识了,就是有缘。"这种缘分,不掺杂任何功利的世俗,唯有真诚朴素的情感。

采访结束时,我提出想看看他的某本旧书。保姆和我一起扶起先生,搀到书房。他的身体真轻,似乎用一只手的力量即可轻轻托起,可他移步如此艰难,像是用尽了全身力气。

他在书橱前站定,先找椅子坐下来,让我打开橱门,挨摞书找寻。第四摞搬出来,他伸手一指,说:"在这儿。"拿出来一看,果然是。他翻到我需要的那一部分,指给我看——先生眼力尚好,不需要戴花镜。

我们谈了两个小时。担心先生受累,我向他告辞,约定再来看他。他伸出手来,轻轻握别,目送我离开。

吴先生待人真诚、刚正不阿,虽然饱受委屈,却一生坦荡,光明磊落。然而,他的晚景如此凄凉。1994年,他曾写文章《老年人的悲哀》感慨:"我是多么希望有个子女在身边替替我,使我稍苏喘息;更希望有一位有共同语言的中青年学生,来协助我整理旧作,完成我未遂的心愿啊!"然而,那时候的吴先生,因为夫人患病,他本人也曾因脑病猝发而靠药物维持,面对的现实仍是每天买菜、跑医院、办杂务和担负那位每天上门工作两小时的小保姆所不能胜任的各种琐事。原来的读书、写书以及准备在退休后认真钻研一两个学术课题的梦想一概放弃,他感觉自己"逐步在垂死挣扎,形神交瘁而力不从心"。

如今,20年的岁月又已悄然流淌。

我笑着冲他摆手,转身却涌出泪来。那时我未曾料到,那是我见先生的最后一面。他说"隔些日子再来"的亲切真诚尚在耳边浮响，却不料5月11日19时40分，这位著名的古典文学专家、戏曲评论家、历史学家、教育家，在北大中文系、历史系任教长达40年之久的先生，走完了他坎坷的一生。

一

吴小如有三个嗜好，一是作诗，二是看京戏，三是写字。这三个嗜好都受家庭影响。他从小喜欢读书，最大的梦想是当作家。

1922年9月8日，吴小如出生于哈尔滨。父亲吴家琭（字玉如，1898——1982）是文史名家，著名的书法家、诗人。九·一八事变后，吴家全家于1932年迁居北平，后又移居天津。

吴玉如先生一生桃李满天下，但真正给自己的孩子一字一句讲授古书的机会并不多。父亲早起上班，吴小如上小学，每天早晨同在盥洗间内洗漱，父亲会口授他唐诗绝句一首。集腋成裘，吴小如到晚年仍能背得出不少父亲教过的诗句。

吴小如从小喜欢读书，六七岁时便一册册领略门类繁多的古典小说，如《三国》《水浒》《说唐》《七侠五义》，后来读神魔小说、谴责小说、武侠小说、侦探小说、新老鸳鸯蝴蝶派的作品，12岁进初中，迷恋上"五四"以来的"新文学作品"，最早读的是《呐喊》和《彷徨》，也似懂非懂地翻阅了《胡适文存》。他对老舍的小说手不释卷，茅盾和巴金的长短篇小说也在他的阅读范围。而新体散文更令他"魂萦梦绕",以至于把少年吴小如"吸引到另一条路上去了"。

所谓另一条路,乃是吴小如当年"最大的梦想"——当作家。1934年,吴小如开始试着给报刊投稿,但是,父亲认为给报纸投稿是"不务正业"。所以,吴小如写过短篇小说、散文,写过古体诗,用的都是假名。在作协登记时,他的笔名是"少若"。1948年,由沈从文先生介绍,他在一家报纸编了不足一年的文学副刊。20世纪50年代初,他还参加了北京第一次文代会。

因为父母喜欢看戏,吴小如三四岁开始听唱片,五六岁便随家人外出看戏,十岁左右就常常偕弟弟同宾跑戏园子,十三四岁亦模仿小报文风老气横秋写剧评。有一次中学作文,老师给吴小如的批语是:"文章颇像林语堂的'论语'体,油腔滑调。"吴小如大吃一惊,从此大加收敛,力求横平竖直,再不敢故弄玄虚。即便后来写学术论文或读书札记,他也只抱定两条宗旨:一是没有自己的一得之见绝不下笔。哪怕这一看法只与前人相去一间,毕竟是自己的点滴心得,而非人云亦云的炒冷饭。二是一定抱着老老实实的态度,不哗众取宠,不看风使舵,不稗贩前人旧说,不偷懒用第二手材料。

二

由于经济和其他原因,吴小如前后读过三所名牌大学——燕京、清华、北大,受业于朱自清等著名学者,转益多师,使他懂得了

"操千曲而后晓声"。

1943年至1946年,吴小如先生在中学教语文,此后三年时间教家馆(当时是兼操副业)。"我教中学时,要教文言文和古诗。我不想做古文家,也不想做诗人,为了深入作品,我就实践。所以我会写文言文,会写旧诗,那还是二十几岁,为了教书,才下那个功夫。"

其实在此之前,吴小如早已懂得阅读经、史、子、集四大部类古籍中最有代表性的著作。治《左传》要看《新学伪经考》和《刘向歆父子年谱》,读先秦诸子要看《先秦诸子系年考辨》和《古史辨》。1939年天津大水,吴小如侍先祖母避居北京,每天就钻进北京图书馆手抄了大量有关《诗经》的材料。到上世纪40年代,又因读程树德的《论语集释》而勤搜有关"四书"的著作。

"知古不知今,谓之陆沉;知今不知古,谓之盲瞽。"在古代诗词、散文、小说、戏曲四大门类之间,吴小如不是"单打一",他崇尚操千曲而非听千曲;"观"千剑,即必须见过"千剑",才有发言权。这是一种水磨功夫,是《礼记·中庸》倡导的博学、审问、慎思、明辨、笃行的系统工程。吴小如自童年起便逐年累积起正宗学养。他敏锐地感悟并捕捉每一位大家研精覃思的独特品格,从中体味一生治学和写文章的家法和路数。

吴小如的学生陈丹晨曾称吴先生是"乾嘉学术最后的守望者"。在古典文学领域,吴小如先生的研究通达广博,可以从《诗经》讲到梁启超;研究诗文,从先秦贯通于明清与近代。他的学术根基俟实于20世纪,在诗文考证、字义训诂方面,亦有大量为学界瞩目的成果,《读书丛札》即是这方面的代表作。学者周祖谟、吴祖缃、林庚、周一良等先生,都给此书以高度评价,美国夏志清教授在香港文学创刊号上撰文说:凡是搞中文的,都应该读读吴小如的《读书丛札》。

三

吴小如先后师从游国恩、俞平伯、周祖谟等先生,学养深厚,深为学界推崇。他主编的《中国文化史纲要》重印多次,获"北大优秀教材"之誉。

考入北大中文系后,吴小如先后从俞平伯师受杜诗、周邦彦词,从游国恩师受《楚辞》,从废名师受陶诗、庾子山赋,从周祖谟师受《尔雅》,从吴晓铃师受戏曲史。每听一门课,便涉猎某一类专书。这使吴小如扩大了学术视野。

吴小如仰慕俞平伯,缘于"读过平伯师所有的著作"。拜谒俞平伯,勇气也源于此。而有幸成为沈从文弟子并享受耳提面命、"亲笔改易"文稿的厚爱,也是读书的缘故。1941年,吴小如还在天津工商学院就读,他在课堂上偷读《湘西散记》而受到老师的责罚。这件事情被沈从文的恩师林宰平先生(林庚之父)得知后,一直记在心里。直到1946年,沈从文到林宰平先生寓所拜谒,宰老不失时机让沈从文与吴小如相识。吴小如《废名的文章》便是经由沈从文批改的。

吴小如深深记得当年文稿上先生亲自用红笔增删涂改的墨迹，并有剪贴拼合处。文稿同时附有先生的亲笔信，说明为什么要这样改，末尾还有"改动处如有不妥，由弟（先生自称）负责"。

吴小如喜欢废名，遍读废名诗作。发表《废名的文章》时，年仅24岁。文章对废名的八部著作以纵析横剖的比较研究方法，欣赏、评判、挑剔。废名对吴小如说："你能把我写的书都读了，这很不容易；可惜有的地方你没有读懂。"此后，便"勖勉有加，允许其问业"，视吴小如为知音门生。

之所以这些名师对吴小如一见如故，都是因为吴小如在受业以前已遍读他们的著作，因此初见面便能"声入心通，彼此引起思想共鸣"。

1951年，燕京大学校长陆志韦先生和国文系主任高名凯先生把吴小如从天津调到燕京大学。1952年院系调整，吴小如留在了北京大学中文系，专治中国古典文学，由游国恩主持，吴小如担任大部分注释和定稿的《先秦文学史参考资料》和《两汉文学史参考资料》，数十年来一直为国内大学中文系指定教材或参考书。

他一生钟爱讲坛。"尽管下了课疲乏得抬不起腿，吃不下饭，但只要走上讲坛，面对着朝气蓬勃的年轻人，把自己一得之愚贡献给他们，感活力顿增，浑不觉老之已至。"吴小如说，梅兰芳、程砚秋、马连良、杨宝森,都是在停止呼吸前不久才离开舞台的。他一生爱看戏,为这些艺术大师十分倾倒。从本心来说,只要自己干得动,绝不轻易离开讲坛。

对于学生,吴小如从来是知无不言,言无不尽;有时候没有把握,也会老老实实告诉提问者:"待我查查书再答复。"为了一个极细小的问题,他可以专门骑车上图书馆泡上半天,一旦有了结果,又会兴冲冲跑到提问者的宿舍详细作答。有一次一位女同学提了一个问题,吴先生在《后汉书》里找到了答案,刚吃过午饭就跑到学生宿舍里去找那位学生。由于正值午休,他只好把材料写下来贴在那位女生的房门上,才心安理得地回家休息。

四

看戏、学戏、演戏、评戏,吴先生四者兼备。他的离去,彻底结束了"梨园朱(家溍)、刘(曾复)、吴(小如)三足鼎立的时代"。

吴小如十五六岁起陆续跟着天津的王端璞、韩慎先、王庚生,北京的张伯驹、贯大元、刘曾复等学戏。"文革"前,几乎每周必看京戏,玩票学过四五十出戏,亦曾登台演出,戏码有《大保国·探皇陵·二进宫》《捉放公堂》《上天台》。吴先生扮杨波、扮陈宫、扮刘秀,观众席上有张伯驹、华粹深、周铨庵等先生及父亲吴玉如。2008年初,上海东方电视台开设《绝版赏析》和《梨园往事》栏目,曾邀请吴先生赴沪开讲。他收藏了上千张唱片精品,是国内极少数私人京剧唱片收藏家之一，先后出版了《京剧老生流派综说》《吴小如戏曲文录》等著作，成为研究京剧历史发展、理论、表演的专家。京剧评论界有一种普遍的情况，即"傅其翼者两其足"，懂戏的不大能写，能写的又不大懂戏，求其二难相并者并不多见，而吴小如却能兼得。

吴小如擅长书法，遍临名帖，已出版《吴小如手录宋词》《吴小如书法选》等，更多人称他为书法家。有人劝他写回忆录，吴小如不写。因为写回忆录等于给自己树碑立传。他认同邓广铭先生生前的一句话：活着时绝不给自己树碑立传。

父亲在教吴小如学习书法时，就声明了两大前提，即"要学写字应先学做人"；"写字必先读书"。人，"宁可不会写字，也不要做一个俗不可耐的写字匠！"吴小如一生都奉此为准则。"书法最关键的是，功夫在书外。意思就是说，有两条，一是多念书；一是做人要好。这是最基本的。我父亲有一条，做学问首先是做人，人品要好。这是中国传统的美德。到书法本身，只有一条，就是路子正，别学邪门歪道。古人讲横平竖直，写字，字得规范，写出来的字得规矩。"吴小如认为，临帖，最好不临古里古怪的帖，也别临颜柳的帖，劲都在外头，搞得不好容易出毛病。最好还是先练"二王"的字，王羲之、王献之。他说过一句话："学书必自二王始，譬犹筑屋奠基址。"

"现在人人都是书法家，我不承认自己是书法家。在书法史上起一定作用的人,才可以叫书法家。我不是书法家,我是教书匠。"吴小如说,他练习书法的目的是自娱,尤其是20世纪60年代重新临池以来,书法便是他的乐趣和享受。

2014年3月,吴小如先生获得年度"子曰"诗人奖,并出版《莎斋诗剩》。评委会的评价是:他的诗词作品,历尽沧桑而愈见深邃,洞悉世事而愈见旷达,深刻地表现了饱经风雨的知识分子的人生感悟,展示了一位当代文人刚正不阿的风骨和节操。

吴小如对是否获奖并不介意,使他略感欣慰的,是自己曾经被父亲认为"不是写诗的材料",不但父亲后来认可他的诗作,也得到了社会上广泛的认可。

1944年左右,吴小如曾将自己的诗作交给父亲吴玉如先生请教。父亲见吴小如写的古诗,一首中就用了三个韵脚,便说,这不是诗,连顺口溜都够不上。年轻气盛的吴小如不服气,当时就下决心:我非做好不可!

吴玉如先生晚年的时候,再看吴小如作的诗,问他:"你看你的诗像谁?"吴小如说:"谁也不像。"父亲说:"不对,你的诗像我。"由此可见,吴小如先生受父亲的影响很大,而并不自觉。"我作诗也好,写字也好,父亲认为我都不够材料,我努力写字,努力作诗,父亲什么也不说。但是后来有人找父亲写字,父亲应付不过来,就把我找他批改的字送人,说:'这是我儿子写的字,你们拿去看吧!'"吴小如说,自己临帖从不临父亲的字。因为父亲的字功夫太深,临不好。可是父亲最后认为吴小如的字,最像他。

从"不够材料",到得到父亲的认可,吴小如是下了工夫的。在他的印象中,"有兴趣就爱钻研,什么事都有成功的那一天。"这是吴小如的经验。

五

吴小如先生晚年文章,其中一个主题是对目前文史素质明显滑坡的担忧,对不良文风、学风的抨击,表现出一位文化守望者对我国传统文化的热爱和关切。

吴小如先生被称为"学术警察",是有原因的。他对学界不良现象毫不留情:校点古籍书谬误百出,某些编辑师心自用地乱改文稿,知名学者缺乏常识信口胡说,学界抄袭成风……更关键的是,他的批评方式也并非是所有人都能接受的。沈玉成就曾说吴先生批评不留情面:"连我这老学生都受不了,所以吴先生到处受挤兑碰钉子,一生坎坷。"

吴小如几十年的处境的确如此。他曾在文章中评价自己:"惟我平生情性褊急易怒,且每以直言嫉恶贾祸,不能认真做到动心忍性、以仁厚之心对待横逆之来侵。"在一份给北大百年校庆的题词中,他又重申了"宁为玉碎,不为瓦全"的座右铭。他说:"我这人,一向就是主张表里如一,而且我做的事情都是光明磊落的,我对名利看得很淡。名利对我来说根本是身外之物。"

2011年，吴先生90岁生日，他再三要求不搞庆典、不送花篮。学生们出了一本《学者吴小如》，他感到很高兴："别人都是死了后出一本纪念文集，我活着时看看这些文章，看看大家对我评价怎么样，免得我死后看不见了，等于是追悼会的悼词我提前听见了。"但是，他更清醒，"实际上，收进去的文章都是捧我的，但每篇文章都有实际内容。作者里有些是我学生，有些是学生的学生，好些我都不认识。看了以后，我想：这评价准确吗？好话说得太多了。"

对于别人的好话或称谓，他都不在乎。谈及"学术警察"这一说法时，他说："要我说，现在不是学术警察太多，而是太少。我就觉得，电视、电台、报纸都是反映文化的窗口，人家看你国家的文化好坏都看这些个窗口，结果这窗口漏洞百出，好些是乱七八糟。我看不过去就写文章，别人认为我是多管闲事。"

"言寡尤，行寡悔"，是说做人说话要问心无愧，做出来的事情不至于做完后悔。但是吴先生也知道，人不可能一辈子不说错话不做错事。所以，他的主张是，不管别人满意不满意，首先自己不说违背良心的话，不做让自己后悔的事情。"不是说，说的话一点儿没错，不做别人不满意的事情，那就变成滑头了。"

吴小如的一生，坦荡磊落，他说过的一次假话，是对他的父亲。吴玉如先生壮年时，双臂有力，可将幼时的同宝（小如）、同宾（少如）兄弟抱在手中同时抛向空中后再稳稳接住，小兄弟俩对此不以为惧，反而特别高兴，因而吴小如与其父掰手腕一辈子没有赢过。

吴玉老临终时,年过花甲的吴小如为了博老人一笑,再次提出掰腕子,其时老先生手腕早已无力,吴小如装作再次输给老先生,意思是:您还是那么有劲。吴小如后来说:那是我平生说过的一次假话。

原载《北京日报》2014 年 5 月 27 日

附 录

孟子的当代意义——读《吴小如讲〈孟子〉》

方 麟

时代早已不是战国,人们仍然在读《孟子》。

人们读《孟子》,大概希望找寻一点生活的意义,或者说给庸常的生活点缀些诗意,让自己的心灵得到安慰和力量。现在由吴小如先生来讲《孟子》,让我们看到了一个不总是正襟危坐使人望而生畏的孟子。

孟子出现在圣人孔子殁后百有馀岁,距离圣人的时代并不遥远,与圣人的居处如此毗邻,他感叹夫子之道无人继承,不断念叨:"然而无有乎尔,则亦无有乎尔。"可以看出孟子以孔子的继承人自居,

后世人也认可了孟子所维系的道统。宋神宗时期,《孟子》由子部升入经部,变成官方教材;孟子本人也被追封爵号,入孔庙配享,成为名副其实的"亚圣"。孔孟之道逐渐成为官方的主流意识形态,规范了中国人的个性和精神生活,甚至被用来压抑人的天性和欲望——存天理,灭人欲。这个时候,孟子似乎远离了世俗的人间烟火,成为了一个冷冰冰硬邦邦的符号,最终在五四以后成为被打倒的对象。

然而就是这个孟子,假如我们褪去他政治的包装,经学的迷彩,我们会发现孟子实在是一个很可爱的人。他空有一身本事,向君王游说施仁义行王道,战国时代的君主大多急于事功,认为孟子的学说迂阔远于事情,所以孟子只是获得礼遇与尊显,难以施展拳脚。他在齐国贵为客卿,感觉不受重用,辞却万钟(六万四千石)的高薪,毅然离开齐国。让我们看到了现实主义的孟子。孟子走到齐国边境昼地,却拖拖拉拉停留了三宿,希望齐宣王回心转意。别人笑他行动迟缓,孟子申辩道:"王如用予,则岂徒齐民安,天下之民举安。王庶几改之,予日望之。予岂若是小丈夫然哉!"让我们看到了浪漫主义的孟子。倒是有个小国君主滕文公,因为身处齐楚之间,无力称霸,愿意拿滕国做儒学的试验田,但是在那样的乱世,又怎么可能像汤武那样凭借百里地起家,孟子也只好安慰滕文公:"子力行之,亦以新子之国!"让我们看到了理想主义的孟子。孟子一生注定漂泊,如他的精神导师孔子一般风尘仆仆、灰头土脸,先后游历了邹、齐、鲁、宋、滕、魏等国,晚年退与万章之徒著书立说。按照韩愈的标准,孟子达到了"君子不器"的境界,他已经超越了"用"与"不用"的界限,"用则施诸人,舍则传诸其徒,垂诸文而为后世法"。他的一生行止出处,大率如此:孟子远远超前于自己的时代。他的民本思想、仁政学说,在汉代以后终于为统治者所采用。

他是一个脾气大的倔老头,对于自己不愿教导的学生,孟子说:"教亦多术矣,予不屑之教诲也者,是亦教诲之而已矣。"他是一个战士,辟杨墨,息邪说,距诐行,放淫辞,像马克思一样自觉地与各种邪说暴行斗争。他以天下为己任,希望修齐治平,其价值取向成为后世人们汲取力量的精神源泉。他奋发蹈厉,生命力旺盛,善养至大至刚的浩然之气,这种正气沛然塞于天地之间,鼓舞了多少仁人志士杀身成仁、舍生取义。他道德高尚,告诉我们人人都有向善的可能,只要扩充我们自身的恻隐、羞恶、辞让、是非之心,人人皆可以为尧舜。他的精神世界完满自足,充实而有光辉,有大美存焉。

孟子的学说当然不是放之四海皆准的真理,但是他告诉我们如何做人,做一个有力量的人,将我们从蝇营狗苟的灰色生活中救拔出来。在吴先生的笔下,孟子不再是那么让人肃然起敬战战兢兢的人,而是被还原为一个亲切可爱的人。其实,孟子离我们并不遥远,也许这就是孟子在我们当代的意义。任何时代的当代史,都会有当代的新问题,我想,除了异域文明之外,我们仍然会从《孟子》那里汲取力量和信心。

具体来说,吴先生讲《孟子》,有以下四点值得我们注意,今特为读者拈出。

一曰表彰《孟子》精义。吴先生认为孟子所谓"定于一",已隐有大一统之意,其思想中蕴含平等观念。他认为性善说终胜性恶说。正惟人性本善,纵有不善,犹能改而向善。若人性本恶,则后天纵使之向善,亦未必能善。治天下者果以人性恶为思想依据,则最终将与亡秦无异,遑论社会发展进步。以史为鉴,首重民生。民心向背,在为政者是否以人为本,并控驭国家机器有方。夫法治诚重于人治,然而法制之行终由执法者是否守法而定其成败。此孔孟之道虽不能大行于当时,卒能历久而深入民心者,在其思想能以人为本也。后世非程朱理学,并孔孟亦非之,是矫枉过正,犹今泼浴水并婴儿亦弃之之喻。

一曰点评时政现实。吴先生讲《孟子》,大抵联系时政,冀为政者予以观览借鉴。其拳拳爱国之情,可谓一篇之中,三致意焉。先生力主为政者须读马克思之经与孔孟之经,则国民之劣根性可望除之务尽。为政者必尊重人才、尊重知识,以储有用之士,国家乃可强盛。不得目光短浅,以为直人文科学之知识分子不能收立竿见影之效,遂从而轻慢之。欧美发达国家所以富强而不失其本身之文化底蕴,正在其为政者有远见也。又子产之惠民,救一时之急也;修桥梁以便民,长久之策也。两者并无矛盾。此犹今之国务院总理亲为农民工索欠也。如总理代每人而亲索欠,诚"日亦不足矣";倘迫在眉睫,为总理者以己之行动示范于群僚,然后制订法令督促而行之,岂亦惠而不知为政欤!

一曰指示读书门径。吴先生以为读书当求言外之意,必择其菁华而剔其局限,读书庶几可以古为今用。《孟子》行文好用前后对比,前后两扇多重复之语。韩愈《原毁》开八股文之先河,其实《原毁》章法即本《孟子》,此种章法不可无一,不可有二。又曹操《观沧海》诗意源自孟子"观水有术,必观其澜。日月有明,荣光必照焉。"读此章而后诵魏武诗,始能悟其诗之沉雄豪迈之美,否则但以为记景而已,不惟不悟孟子之志,亦不能窥魏武之襟怀。今人治学,初无己见,借助电脑,遍求时贤诸家成说,然后拼凑连缀成文,虽断鹤续凫,彼亦不自知。然后以皇皇巨著猎取名利,终不免垃圾泡沫之讥。此今日学术领域之通病也。

一曰谨慎出处行藏。吴先生经历了北洋政府、国民政府与社会主义制度下之人民政府三次政权变革,时常内省己身,至谓"六十以后,以老妻久病,每入不敷出。于亲友门人所馈遗,不免有取伤廉之病,故仆之为人,去古人远矣,深用愧疚。……读此章,可以悟富贵不能淫之理,足可引为鉴戒。"其自省精神让人感佩。又以为《孟子·才也养不才章》当与《论语》"无友不如己者"句互参,"无友不如己者"句实对初学者而言,非学之已成者。如已成,则当诲人不倦矣。其诲人之热忱让人感动。吴先生认为《孟子》中相关篇章,皆所以诲后世读书人如何面对有权势者。今之读书人,不独甘为犬马以求有权势者之青睐,甚且视蝇营狗苟为进身必由之路,其去古人亦远矣。其处世之独立让人警醒。

书中精义,自然绝不限于以上四点。读者细绎全书,当有更加欣喜的发现。吴先生讲《孟子》,出经入史,与《论语》相表里,与《史记》相印证,除了常见的《孟子》注本外,书中征引涉及《朱子语类》、李贽的童心说、戴震的《孟子字义疏证》、刁包的《四书翊注》、章炳麟的《新方言》以及高步瀛、周绍良、严家炎等近人的学说。然而吴先生绝不炫奇耀博,独能融会众说,自铸伟辞。吴先生在书中附录了过去的两篇短文——《读〈孟子·齐人有一妻一妾章〉》、《〈孟子·舜发于畎亩之中章〉笺析》,从文章义理、结构层次、表现手法诸角度条分缕析,做了文本细读,读者通过吴先生的解剖麻雀,自然可以领悟读书方法。吴先生可谓有功于《孟子》。

据作者自述,《吴小如讲〈孟子〉》的成书,"自丙戌至丁亥(2006-2007),约岁余。手录孟子一通,每章略加浅解,聊陈鄙见……今老病侵寻,桑榆迟暮,乃录以成帙,亦聊收秉烛余光之未效耳"。吴先生生于1922年,草成此书时已届八十五岁,与孟子编纂其书时年龄恰恰相当,其知人论世感同身受,当倍于常人。作者以章句的形式串讲孟子大义。全书绝非心灵鸡汤,赚取片刻的温馨;亦非高头讲章,陈义甚高。吴先生设想的读者,已经通读了传世的各家注本，如汉代赵岐的《孟子章句》、宋代朱熹的《孟子集注》、清代焦循的《孟子正义》、近人姚永概的《孟子讲义》和杨伯峻的《孟子译注》。因此吴先生撇开了繁琐的注释，避免读者陷入释事忘义的境地，往往采择前人菁华，直指人心，豁人耳目。我们当然不强求读者，正如我们不必苛求古人。只要有心，无论才之大小，学之深浅，我想都能从《吴小如讲〈孟子〉》这本书中受益。

我惟愿读者诸君，与孟子为友，与小如为友，与书为友。

冬日拜谒小如师

陈丹晨

冬日晴朗,有一天去到中关园吴小如师寓所问候。他正坐在卧室的床边沙发上,挨着南窗很近,金色的阳光晒满他身上,暖暖的,很有神采。床上堆满了新出的或旧有的书,他可以够着随意抽取阅览,数十年来旧习即使病中还是终日与书为伴,手不释卷。因为前年有过脑梗后右腿落下了病。后来又摔了一跤,左腿又不好了。现在只能在家里慢慢地扶着墙稍许有点活动,已是不良于行了。师母长期患病,六次住医院,前年辞世了。前前后后这一切全是小如师亲力亲为照拂侍候以至善后。他的顾家是出了名的,因为家累花去不少时间。很不幸的是,他的长子长女也都先后因病谢世。一家有三口人在几年内相继归去,对老年人来说,真是难以形容的打击和悲伤。小世兄在上海工作生活,鞭长莫及顾不上他。于是就落得他一个人孤寂度日了!今年五月,吴门弟子为他的九十华诞庆生,有一位说:"吴先生一生坎坷,晚景凄凉!"说的与此有关。

我坐在他对面,那床边还剩一小块地真的只容促膝而谈了!

我来过几次都是这样。不由想起陶渊明的诗："倚南窗以寄傲,审容膝之易安。"像是在描写吴先生的情景似的。五十五年前,我第一次走进他的寓所,拜见我的论文导师吴小如先生,也是在中关园。那时与普通北方农村无异,全是平房土路,家家门前圈了一小块地种点向日葵或菜蔬。全园灰头土脸,鸡犬相闻。这还是有点级别、身份的人住的。那时小如师还是讲师,住的也很逼仄。后来拆建成楼房,至今也已年久陈旧了。小如师在此园住了,也与在北大任教一样,整整六十多年。如今家里一切如旧,水泥地,旧家具,老陈设。他处陋室而谈笑自若,从不提及这事,这仅是我发的感慨而已。

我原想他可能精神体力不济,只能稍坐一会就离去。我们谈国事、校事、家事,也谈文学、书法、社会新闻、营养保健……没想到聊天到12点半,我几次说:"您该吃饭了!我不耽误您……"他老人家谈兴正浓,似乎刚说开头呢!

五月那次庆生活动,到会的都是他的挚友、学生五六十人,有的还是外地专程赶来的。气氛非常热烈,大家敬重爱护老师之情洋溢于会场。我很诧异地问严家炎学长,怎么学校、系里都没有一个人来参加?他也茫然。我猜想校领导们大概忙于政绩,不会想到还有这样一位资深的大师级的老教授应有所表示。

感谢陈熙中、齐裕焜、刘凤桥、吴煜、谷曙光等几位师友们热心出力,编辑了近三十万字的文集《学者吴小如》,收有48篇吴门弟子写的内容丰富厚实、情真意深的文章。北大出版社不仅慷慨出版了此书,还一次性推出吴小如文选五卷,内容包括《含英咀华——古典文学丛札》《莎斋闲览——八十后随笔》《看戏一得——戏曲随笔》《红楼梦影——师友回忆录》《旧时月色——早年书评集》,多达150万字。其中三分之一是近十几年的新作,至于小如师的专著,经典著作的笺注等都不在其内。我想这些都是给小如师最好的最有意义的生日礼物。但仅就这部分著作也已可证明他是一位博古通今、学养渊博深厚的学术大师。他对古典文学的研究、戏曲理论的贡献、书法艺术的成就以及献身于教学的精神和业绩,都足以在近代教育、学术界占有一席重要的历史地位。我曾说小如师是"最后一位训诂学家,乾嘉学派最后一位朴学守望者",因为这门学问现在可能已经成为绝学了。这句话曾被许多师友广泛认同。恰恰这也正是小如师长期来坚持的"治(古代)文学,宜略通小学"的理念。他的《古文精读举隅》《古典诗词札从》《吴小如讲〈孟子〉》《吴小如讲杜诗》等等以及主要由他笺注、通稿的《先秦两汉文学史参考资料》都是对中国古代文学典籍的精深研究成果,在海内外学术界有深远影响。他的研读阐释经典与现在流行的说评书似的讲坛是完全两回事,他是学术学问,那是快餐便当,没有可比性。

我想研究学问总是寂寞的事,古人说的青灯黄卷坐冷板凳,现今何尝不需要。小如师常自认只是一个"教书匠",以课堂教学为乐。正是甘于寂寞的谦辞。说来惭愧,我知小如师的书法精美,却没有想到,10月的一天,去到僻远的中关村科技园附近的楼群里参观了"吴小如书法馆",使我大感意外讶异,看小如师的楷书惊为天人:妩媚娟秀且又内敛雄劲,雍容端丽而气度不凡,宛若看到二王、唐宋前贤的风流遗韵,在当今书法界是不多见的珍品。但他从不露面张扬,除了师友弟子求索,他都慨然书赠,此外只是自娱,故不为世人所知。因他只是视为业余两个嗜好:一是京剧,一是书法,其实都成一大家。他的字里有学问,有文化,有艺术,有气韵,有真性情,读来令人心旷神怡,意味无穷。有刘凤桥君痴爱并悉心搜求,才把小如师的书法墨宝集腋成裘,建成"吴小如书法馆",还正在编辑、并由天津古籍出版社陆续出版精致典雅的《吴小如艺术丛书》,已出了三种:《吴小如手录宋词》《吴小如录书斋联语》《吴小如书法选》,为人们展示了这个足以传世的艺术墨宝。吴门弟子多数都是穷书生,对凤桥君的努力成绩只能表示无任的感谢了!

于是,我想到现今常听到有人大声疾呼要培养大师,多出大师;也确实常见到大师们呼啸而过,真伪如何就不详了。至于真正的大师反倒视而不见,只因他在"灯火阑珊处",这对某些热心提倡者来说不免有点悲哀了!

原载 2012 年 11 月 28 日《新民晚报》

沉香谭屑

陈子善

我喜欢用"沉香"来形容张爱玲的文学作品。2005年9月张爱玲逝世十周年纪念之际,我编选了一部她的集外散文、电影剧本选,书名就叫《沉香》。而这本《沉香谭屑:张爱玲生平和创作考释》

是我继《说不尽的张爱玲》、《看张及其他》之后研究张爱玲的第三本书,也以"沉香谭屑"命名。

张爱玲1940年代蜚声上海文坛,到1980年代"重返"中国文坛并大获好评,其间相隔了约四十余年。这与她推崇备至的《红楼梦》从创作到被文学史家认识并肯定其不朽价值相隔整整一百二三十年比较,还真是小巫见大巫。由此可见，真正优秀的文学作品往往需要经受时间的考验，不管遭受怎样的冷落和埋没，终究会被文学史家所发掘，堪称文学史上的"沉香"，而就这一点而言，张爱玲也比曹雪芹幸运。

时至今日，张爱玲的文学史地位已然确立，"张学"也已蔚为大观，那么，张爱玲可不可以批评呢？当然可以批评，应该批评，十分需要深入细致、鞭辟入里的有创见的分析和批评，就像对任何一位有成就的中国现当代作家一样。但是，需要提醒和强调的是，正因为张爱玲是文学家，对张爱玲的批评也理应在文学的层面、在学术的范围内展开，而不是其他。否则，一些问题将永远纠缠不清。这是我这些年研究张爱玲的切身感受。

从 2004 年到现在，发生了许多与张爱玲有关的事，电影《色，戒》的拍摄和上映，颇受争议的长篇小说《小团圆》终于刊行，长篇小说《易经》、《雷峰塔》英文版和中译本相继问世，集外文《天地人》、《炎樱衣谱》、《郁金香》和《年画风格的〈太平春〉》陆续被发掘，遗稿《重返边城》、《异乡记》和张爱玲与宋淇夫妇通信选《张爱玲私语录》整理出版，几乎每一次都引起海内外的热烈讨论。尤其是如何理解和评估张爱玲的晚期风格，更是众说纷纭。我才疏学浅，除了《小团圆》和《异乡记》推出后写过几篇不像样的考证性的评介外，还来不及对《易经》、《雷峰塔》等新"出土"的张爱玲后期作品认真研读，作出反应，但我还是希望这本《沉香谭屑》能对"张学"的拓展和深入略尽微力。

我已经很久未请前辈为拙著题签了，因为不愿给年事已高的我所尊敬的前辈增添麻烦，但这次却是例外。早在四年前，我就请"张学"研究先驱者——年届九十高龄的北京大学教授、书法家吴小如先生题写了《沉香谭屑》书名，自以为这是别有意义的。

抗日战争胜利之后，人在北平的小如先生读到张爱玲的《传奇》和《流言》，各写了一篇书评予以推荐，可谓慧眼独具，空谷足音。他写的《传奇》评论以"少若"笔名发表于1947年5月17日天津《益世报·文学周刊》第四十一期，成为1940年代研究张爱玲小说的重要文献，也使1946—1949年间中国北方的"张学"研究不至于一片空白。当时的《益世报·文学周刊》正是沈从文先生主编的。小如先生2007年5月13日致我的信中说：

> 弟初写张爱玲书评时，已是张失意之始。盖抗战一胜利，张即受歧视矣。自信当时亦二十许人，而眼力尚不差，故四五十年后，拙作书评尚未过时。此间舆论对张，始终毁誉参半，弟已不再置喙。目前文坛，与学术界、教育界、艺术界皆是非颠倒，难说真话。先生对张能锲而不舍，已极难能可贵。而自1945—1948年，以弟亲身经历，似犹以宽容兼顾态度为主流。沈从文师对张爱玲，并非正面赞誉者，而弟评《传奇》小文，即由从文先生亲自编发于《益世报》文学副刊……为先生题书名，虽是友谊情深，同时亦是一种表态也。想先生能察之也。

之所以把小如先生为《沉香谭屑》题写书名的原委公开,一则这是一段可宝贵的文坛史料;二则可以借此证实"张学"研究史的曲折进程。至于小如先生对后学的期许,我自当作为最大的鼓励和鞭策。

原载《时代周报》154 期

一生否泰自成詩
四壁圖書中有我
丁亥夏至 小如撰句

小如书法

讀書貧裏樂 唐人佚句

搜句靜中忙

丁亥夏 小如

僕不善倚聲之學然雅愛唐宋詞歲在戊子己丑間以體氣漸衰不能以遣日因擇素所好及古人以為足可傳世之宋詞二百首逐篇寫之初未慮及書體之工拙惟自童稚之年歷八十春秋以至今日覩世之所謂書法家者多為自標置單以創新自命而棄

《吴小如手录宋词》前言

横平竖直规矩准绳拘不顾乃潜心揣摩斯道自魏晋隋唐宋元明清以末诸家碑帖之菁华一一取而临摹之力求取法乎上而作字点画分明不以荒诞险怪谋众取宠故兹编所书洁厉正楷体貌虽不一要皆不踰矩不妄作惜己天资鲁钝学力末克臻年逾八十

不至老而未死食粟而已斯名敢以书家自命盖吉贤如朱竟陵杨文衡山邓完白世其家学者如朱友仁文彭邓传密雖当梁楷舰輪率未能继箕裘興其先人比肩別不肖此仆視先君之直傳二王的脉岳又敢泰颜秎習毛筆字為書法也拉舊雨新知怨惠

玉再以為倍于棄之何如過承之藉留此一鳞半爪或可為自娱之人之具重違盛情姑從衆議凡襄助校書付梓之諸君子清敬謹泥首再謝且于乞讀者覽者厚宥之也己丑春分吳小如謹識

赠周敏庵汝昌 乙酉

毕生心血浸红楼，地下芹翁亦点头我笑
时贤争李隰，一编新证足千秋

周敏庵与俅相识於一九五一年，红楼梦新证
为云力作，岁次乙酉为纪念敏庵主要事迹
赋为鸳诗，而敏庵初不知也 萨附记

吴小如赠周汝昌诗

仆业余有二嗜，一曰京剧，二曰临池尝以京剧艺术与书法艺术相比拟。仆平生所见艺人年长者三二曰杨小楼一曰王凤卿。玉所闻言邻誉资料则笔与谭鑫培相先后者凡以万千人姑不具论。小楼

小如论书法与京剧

如天神,非常人可比。其文可撰石鼓秦篆;肃穆庄严,其武直如怀素狂草目不暇接而喜洋洋者,而凤卿则俨然汉隶也。老谭古朴醇厚大巧若拙,在钟繇右军之间。而余叔岩则上攀大令下接敬客虞骨峻神清精美绝伦书於禹逢良则撰之於褚遂良窦请最为允洽褚李学有本源宗法二王自成蘖逸武则天主政时褚李影响已钜薛稷薛曜昆仲於褚奇步亦摘。即民间经生写经刻石题跋篆楷相而举姿胎息笔不沾褚肴皱,偿于太原晋祠碑廊曾亲得验证。下逮玄宗开元之初褚之流风遗韵犹具波澜。尒魏栖梧善才寺碑即褚书之的脉,祇学之不善则未能免俗耳。

马温如自幼坐科宗谭之时即已蹉跎衍闲,出科搭梁益博出朱家长如孙菊仙费洪林、刘鸿昇蔡荣桂刘景然,下及纪岩庆奎皆其学习对象,未及中年嗓音大坏,自挂开宗立派内外行趋之若鹜程裕书初得之二王晚乃别成一家而象亦近逐成风也。然马之成派深具根柢,始先寝馈谭余再图奥时俱进,故终始立于不败之地。敷之者亦有功底,但知取巧媚俗,故马之唱念虽似易学,而实不易学,其在于作表身段則今日謂已失傳亦未為過言焉。

屈晚年償夢數与接談,知先生功底遠遠

時賢而學之者徒取形貌而忽遺神髓。

苦年宗馬者尚有可傳衣鉢之人今則雖

略具形貌者亦罕見矣嗟乎京劇之陵夷

绝减,广陵散之终成绝响,于斯可见。怕超多年劳,印象儒评骘马派,偿于马赏其飘逸而惜其俗媚,继直言其优而谨言其短,故虑迎云谈犹偿极爱祢书,而临摹之馀,惟力求取菁华弃糟粕示不願初習書法者致之於馬之藝術矣。然余僕已屆衰年久不談此道,偶不表示出之則此意將不為世人所知,故為怡超大聯言之,以就正於後之來者。丙戌白露後林琴南識於京郊。

释文

仆业余有二嗜：一耽京剧，二好临池。尝以京剧艺术与书法艺术相比拟。仆平生所见艺人，最年长者二：一曰杨小楼，一曰王凤卿。至所闻音响资料，则年与谭鑫培相先后者，凡若干人，姑且不具论。小楼如天神，非常人可比。其文可拟石鼓文秦篆，肃穆庄严；其武直如怀素狂草，目不暇接，而章法井然。而凤卿则俨然汉隶也。老谭古朴醇厚，大巧若拙，在钟繇右军之间。而余叔岩则上攀大令，下接欧虞，骨峻神清，精美绝伦。至于马连良，则拟之于褚遂良，窃谓最为允洽。褚书学有本源，宗法二王，自成馨逸。武则天主政时，褚书影响至钜。薛稷薛曜昆仲，于褚亦步亦趋。即民间经生写经、刻石，虽体貌殊相，而笔姿胎息，无不沾褚膏馥。仆于太原晋祠碑廊，曾亲见得验证。下逮玄宗开元之初，褚之流风遗韵，犹具波澜。如魏栖梧善才寺碑，即褚书之的脉。然学之不善，则未能免俗耳。马温如自其坐科宗谭之时，即已蹊径独辟。出科挑梁，益博采众长，如孙菊仙、贾洪林、刘鸿昇、蔡荣桂、刘景然，下及叔岩、庆魁，皆其摹习对象。未及中年，嗓音大好，自然开宗立派，内外行趋之若鹜，犹褚书初得之二王，晚乃别成一家，而众亦追逐成风也。然马之成派，深具根柢，能先寝馈谭余，再图与时俱进。故能终始立于不败之地。效之者无其功底，但知取巧媚俗，故马之唱念虽似易学，而实不易学。至于作表身段，则今日谓已失传，亦未为过言。马届晚年，仆曾数与接谈，知其功底远迈时贤。而学之者徒取形貌，而忽遗深髓。昔年宗马者，尚有可传衣钵之人；今则虽略具形貌者，亦罕见矣。嗟乎，京剧之陵夷绝灭，广陵散之终成绝响，于斯可见。

怡超多年前，即嘱仆评骘马派。仆于马赏其飘逸，而惜其媚俗，能直言其优，而讳言其短。故屡避而不谈。独仆极爱褚书，而临摹之际，惟力求取菁华、弃糟粕，亦不愿初习书法者效之。于马之艺术亦然。今仆已届衰年，久不谈此道，倘不表而出之，则此意将不为世人所知。故为怡超大略言之，以就正于后之来者。

丙戌白露　茂林吴小如识于京郊